# 經濟學
# 教我的思考武器
## 關於幸福和金錢的思考

経済の考え方がわかる本

了解經濟學相關的基本概念，
幫助你我掌握瞬息萬變的趨勢。

新井明 ARAI Akira、柳川範之 YANAGAWA Noriyuki、

新井紀子 ARAI Noriko、e-教室｜合著

許郁文｜譯

KEIZAI NO KANGAEKATA GA WAKARU HON

by Akira Arai, Noriyuki Yanagawa, Noriko Arai and e-kyoshitsu

© 2005 by Akira Arai, Noriyuki Yanagawa, Noriko Arai and Research Institute of Science for Education

Illustrations © 2005 by Naomi Sato

Originally published in 2005 by Iwanami Shoten, Publishers, Tokyo.

This Complex Chinese edition published 2023 by EcoTrend Publications, a division of Cité Publishing Ltd., Taipei by arrangement with Iwanami Shoten, Publishers, Tokyo through Bardon-Chinese Media Agency, Taipei.

Complex Chinese translation copyright © 2023 by EcoTrend Publications, a division of Cité Publishing Ltd.

All rights reserved.

經濟趨勢 73

# 經濟學教我的思考武器

關於幸福和金錢的思考（經済の考え方がわかる本）

| | |
|---|---|
| 作　　　者 | 新井明（Akira Arai）、柳川範之（Noriyuki Yanagawa）、新井紀子（Noriko Arai）、e-教室 |
| 譯　　　者 | 許郁文 |
| 責 任 編 輯 | 文及元 |
| 行 銷 業 務 | 劉順眾、顏宏紋、李君宜 |

| | |
|---|---|
| 總　編　輯 | 林博華 |
| 發　行　人 | 涂玉雲 |
| 出　　　版 | 經濟新潮社 |
| | 104台北市中山區民生東路二段141號5樓 |
| | 電話：（02）2500-7696　傳真：（02）2500-1955 |
| | 經濟新潮社部落格：http://ecocite.pixnet.net |
| 發　　　行 | 英屬蓋曼群島商家庭傳媒股份有限公司城邦分公司 |
| | 104台北市中山區民生東路二段141號11樓 |
| | 客服服務專線：02-25007718；25007719 |
| | 24小時傳真專線：02-25001990；25001991 |
| | 服務時間：週一至週五上午09:30~12:00；下午13:30~17:00 |
| | 劃撥帳號：19863813　戶名：書虫股份有限公司 |
| | 讀者服務信箱：service@readingclub.com.tw |
| 香港發行所 | 城邦（香港）出版集團有限公司 |
| | 香港灣仔駱克道193號東超商業中心1 樓 |
| | 電話：852-25086231　傳真：852-25789337 |
| | E-mail: hkcite@biznetvigator.com |
| 馬新發行所 | 城邦（馬新）出版集團Cite（M）Sdn. Bhd.（458372 U） |
| | 41, Jalan Radin Anum, Bandar Baru Sri Petaling, 57000 Kuala Lumpur, Malaysia. |
| | 電話：（603）90563833　傳真：（603）90576622 |
| | E-mail: services@cite.my |
| 印　　　刷 | 漾格科技股份有限公司 |
| 初 版 一 刷 | 2023年5月9日 |

城邦讀書花園
www.cite.com.tw

ISBN：978-626-7195-24-6

定價：340元

推薦序

# 從經濟學的角度思考<br>「為什麼一件事會這樣發生呢？」

文／楊少強

（《商業周刊》副總主筆）

　　中學生需要學經濟學嗎？筆者的回答是肯定的。不過理由並不是基於學生們的未來前途，而是現實考量。

　　第一個理由是：經濟學就是人類行為的規律。在中學時代，我們學過大自然的規律──包括物理學、化學等。然而人的行為也有規律。掌握大自然的規律，讓我們不再被一些超自然迷信所迷惑，同樣地，掌握人的行為規律，也能讓我們不被一些似是而非的謬論所誤導。正如二十世紀經濟學家羅賓遜夫人（Joan Robinson）說：「我學經濟學，是為了不被經濟學家騙。」

　　第二個理由是，經濟學讓我們務實地面對世界—那就是稀少（或稀缺）。

　　稀缺是人類活在這世上無法避免的現象，從雞蛋、乾淨

的空氣到家人的愛，都是稀缺的─也是人想要的總比現實能提供的多。經濟學探討的，就是如何在「稀缺」這個現實下，人類如何做選擇。

如果一個人不承認稀缺這個現實，他（她）做出的決策可能會為他自己或別人帶來災難；就如同一個人若不承認地心引力的現實，從高樓一躍而下，結果也將為他自己帶來災難一樣。學生們若能早認識到世界的現實，將有助於他日後腳踏實地做出決策。

不過如何讓中學生學經濟學，卻是一個問題。稀缺無所不在，適合中學生閱讀的經濟學書籍也是一樣。坊間有不少經濟學科普書籍，大多數都是面向一般大眾。如今這本《經濟學教我的思考武器》，解決了這個問題。

作者新井紀子在二〇〇二年六月，為國、高中生創立了免費的網路教室「e-教室」，「我們想透過 e-教室介紹的是更適合求生的技術」。在該教室裡有各式各樣的課，其中經濟學的定位是在於「如何巧妙地使用資源才能得到幸福。」這門課的好處，作者說得很清楚：「讓我們的生活變得更豐富，行為變得更加合理。」（第二章）

因為面向中學生，因此這門課主要著眼於概念：從稀缺、機會成本、價格、比較優勢等，這些都是經濟學的基礎。可別因為「基礎」兩字就小看它，不只經濟學這門學科的大樓，

都建立在這些「基礎」上；事實上這些「基礎」在人們日常生活中，也能發揮重大威力。

　　例如，第二章談到「機會成本」的概念。以約會為例，要搭較貴但較快的計程車去，還是要搭較便宜卻較慢的捷運（電車）去呢？如果純粹只考量付的金錢，人們應選擇搭捷運。但「機會成本」提醒我們：你付出的不只是金錢，還有時間。如果你搭較慢的捷運多花的時間，讓你錯過和別人相處時能做更有價值的事，這時你反而應該選較貴的計程車。

　　這個引申在於：為何我們常見到富豪有私人飛機？一般人的解釋是炫富，但經濟學的解釋是他們的時間很寶貴。這些富豪也可以買機票去機場等飛機，但要面臨通勤、登機、可能誤點等風險，他們將因此錯過更多重要的生意。若有私人飛機，要去哪裡說走就走，他們可以談成更多生意。所以表面上他們花更多錢養私人飛機，其實他們節省了更多時間，能拿來創造更多財富，這正是「機會成本」概念的威力。

　　又例如「比較價勢」，作者在書中舉的例子：狗狗老師在一天內比貓貓老師採到更多水果、捕到更多魚。那麼一般人認為，現實社會裡生產力較低的貓貓老師只怕沒活路了吧？

　　經濟學的答案是：貓貓老師仍然可以存活。因為「比較優勢」不需要你賺的比別人多，而只要你放棄的比別人少。即使狗狗老師做每一件事都能比貓貓賺更多，但他做一事就不能同時做另一件，在當下狗狗放棄的那件事，就是貓貓的生存空間。

　　這個道理看似淺顯，其實大有深意。例如，近來人工智慧（AI）大行其道，不少科技專家談到，它有可能全面取代人類的工作，因為 AI 每件事都比人類做得更好。

　　然而只要有「比較優勢」的概念，你就會瞭解 AI「全面」取代人類，是不可能的。即使 AI 每件事做得都比人類又快又好，但一定有一些事是它不能同時做的，而那些 AI 同時間必須放棄的事，就是人類的生存空間。就如貓貓做每件事的生產力都不如狗狗，但只要貓貓做某件事相對要放棄的比狗狗少，那就將是貓貓的生存之路——「天生我才必有用」！

　　從這些概念出發，這本《經濟學教我的思考武器》可說名字取得非常好，因為具有這些思考「武器」，讀者才不會被常見的謬論誤導，做出錯誤決策傷己傷人。誠如作者說：經濟學也許不能立刻為學習者帶來幸福，但是「變得稍微明白事理，以及能夠透過一些理論說明社會動態，或是能自行想出一些解決方案⋯⋯幸福應該就會來敲門。」

　　由於這本書的主要受眾是中學生，因此許多概念只能做入門的介紹，但有兩個概念在本書中未提到，筆者可以在此稍做補充：

　　一、經濟學裡的價格指的是「相對價格」——在本書第三、四、五章討論價格時，是以貨幣價格為例。但真正會影響人的行為決策的，是相對價格。

　　例如一顆桃子值三百日圓，這是貨幣價格；但消費者真正的負擔並不是這三百日圓，而是用這三百日圓買桃子，就不能拿來買別的東西—例如水梨、魚翅等。如果消費者花三百日圓買一顆桃子，他（她）就放棄了用來買二顆水梨的機會，這「二顆水梨」就是他買一顆桃子的代價—也就是桃子的相對價格。

　　二、邊際報酬遞減律：本書第十章談資源分配、第十二章談經濟發展，並未提到「邊際報酬遞減律」，這是指隨著你投入的資源愈來愈多，你再投入多一分資源，能創造出來的額外價值會不斷下降。直白的說法是「累積越大，進步越小」。這個定律小到個人生產力，大到一國經濟成長，都受到它的制約。

　　最後筆者想談談這本書的定位。《經濟學教我的思考武器》不在提供學生正確的知識，而在提供一種思考事情的角度—經濟學的角度。這個角度討論的不是「好與壞」，而是

「所以然」——為什麼一件事會這樣發生呢？

　　若學生們讀了此書，在評價一些社會事件時——從房價高漲、工人低薪、買賣套利等，少問一點「好不好」，多問一點「為什麼」，這本書就算達到目的了。

推薦序

# 了解經濟學，為社會打造幸福的機制

文／林竹芸（Maggie Lin）

（雙橡教育創辦人、See Think Wonder 思考挑戰賽總監）

　　很多人都會遇到「幸福」和「金錢」的思考，每個人都希望過得幸福，但總覺得沒有金錢如何幸福，我們是不是要為金錢先犧牲幸福？

　　「幸福」是北歐研究多年的議題，心理學家、社會學家、經濟學家等學者，很早就發現，幸福是多重層次疊加之後的結果。首先，是經濟無虞。

　　北歐常進行實驗想看看「無條件基本收入」是否能讓所有國民都有幸福的基礎，但很快，所有人就意識到滿足生存的「基本收入」後，人還需要「其他東西」才有幸福感。美國心理學家馬斯洛，對於這個「其他東西」，給了很形象化的假設：需求理論金字塔。金字塔的底層是生存需求，是最基本的收入，第二層是生存需求的穩定性，稱為安全需求，第三層是他人的愛與關懷，這已經有無數學者，根據這個假

設做出相似的驗證，很多人都知道家人、朋友等緊密的人際關係能帶來幸福感。第四層是受尊重和自我肯定，第五層是自我實踐。

我在雙橡長年研究後，也發現要透過教育讓更多下一代成為「有能力而幸福的人生主掌者」，得先讓大家有經濟概念，了解「金錢」在實現「幸福」時扮演的角色。

一個要點是超過「基本收入」後，直線增加的「金錢」不等於直線增加的「幸福」。

「幸福」需要第三層到第五層的金字塔需求，我們需要更親的人際關係、擁抱自我也被別人擁抱、實踐自己想看見的改變。不意外的，金字塔第三層以上的活動，可能也都會用到「金錢」，例如帶家人慶生，但是，它不再是以金錢的「直接樣貌」呈現，而是轉化成其他樣貌，例如活動、禮物、交通等等，所以，幸福不來自於不斷賺錢，而是撥出心力，將一部分的金錢轉換成其他形式的實現，像是安排聚餐、結伴踏青、支持公益等等。如果手上只有滿滿的錢，沒有時間或力氣轉換成其他需求，幸福感自然也就停留在最底層的金字塔上了。幸福是從「經濟基礎」出發的自由轉換。隨著人生階段的不同，自由轉換成不一樣的需求活動，但永遠是從經濟基礎開始，所以我們才需要理解世界上的經濟模式。

我們要了解「金錢」從哪裡來、會流向何處、它流經之

處，會對人的行為帶來什麼影響，從此可以開始發想，我們要如何使用「金錢的流向」帶來個人與社會的幸福感。像書中提到的，透過公路收費紓緩返鄉熱潮的例子。

我們相信每個孩子終有一天要踏入社會，了解自己未來要踏入的世界，知道它如何運行。認知到社會上各種組織，都有它的經濟模式作為生存命脈，能幫助孩子更客觀、成熟的面對真實世界的難題與挫折，多觀察、思考、總結，試著理解世界運行的方式，成為在社會生態中的一份子。當我們更深的理解經濟模式，了解如何集結資源，透過經濟活動的設計，改變人的行為模式（像紓緩返鄉熱潮的例子），那也會有更多人，有能力為社會打造幸福的機制。

這是一本淺顯易懂的經濟入門書！

用生活中的主題，跟學生問答對話。對話讓專有名詞變得好懂，有情境背景做烘托，經濟概念變得更加親民。經濟學可以說是人類社會「行為模式」的總結，小到個人行為，大到社會型態的脈絡，都被幾百年來的學者一一總結成學術理論，只是「學術用語」少了情境背景，對剛入門的人來說，反而難以想像，本書正適合作為生活和學術理論的橋樑，透過日常生活的經濟現象，來透視經濟學的思考和原理，是一本國小學生也適合閱讀的好書。

推薦序
# 如果教室像聊天室

文／劉瑞華
（清華大學經濟學系教授）

　　我成長的那個年代，看電影是年輕人最喜歡的事，沒錯，那時候還沒發明卡拉 OK。有這麼一個故事，國文老師眼看學生們上課時無精打采，於是出了一個作文題目，「如果教室像電影院」，那時候的人哪裡想得到，如今看電影、聊天、上課、⋯⋯都在房間裡對著螢幕。

　　今年（2023）初，由於所謂的 AI 聊天機器人功能精進，引起各方熱烈討論，其中包括機器（人）是否會取代人類（的工作）？經歷過幾年來的貿易戰、貨幣戰、晶片戰，甚至每天都可以看到人類在戰場上殺戮拚命，我心想，這麼多人無法和平地談話，卻有機器能和人聊天，真的值得擔心嗎？

　　初步的印象中，最先對 AI 聊天機器人產生戒心的是學校，一些知名大學立刻聲明校園裡禁止使用這種線上軟體，避免學生用來代寫作業與報告。我得知後的反應是，大學教

授的確有天然智慧，擔心被這個東西取代，禁用顯然是個辦法。換句話說，這道防止學生作弊的禁令，其實有藉以保護自己飯碗的動機，這就是一種經濟理性的解釋。

經濟學是理解經濟現象與行為的學問，基本上只要是資源稀少無法要什麼就有什麼的情況，人的行為就可以解釋為理性選擇的結果。所謂理性選擇是指在各種可能的選項中權衡比較功效與代價，做出最好的決定。你如果不習慣我這種教室裡的說法，那麼你更應該試試這本書裡聊天室的作法。

這本書設定的讀者雖然是中學生，但我不知道現在中學生的學習環境是否會有那麼多活潑的互動對話。我想到的場景是疫情期間的線上討論，或者應該說更像聊天室，特殊的地方在於這本書裡的人物經常問問題。

讓我再回來談 AI 聊天機器人。實際上，我從一開始得知這項產品時就不擔心，反而樂觀期待它可能帶來教育學習的功用。我不擔心的原因並不是不怕學生用來作弊，任何技術進步都難免會有負面的影響，重點是有什麼好處。我的樂觀是來自幾乎每個急著用它來聊天的人都在問問題。像我這個教學多年的老教授，長期苦於學生「沒有問題」的問題，聽到那麼多人急著向 AI 聊天機器人問各式各樣的問題，心裡升起的希望是學生可以用這個來學習問問題。

我經常找機會問學生為什麼不找老師問問題，最常得到

的答案是不知道該怎麼問。我可以理解學生怕問錯的顧慮，甚至曾經上課時專門講授如何問問題，考試題目要求學生寫下問題而非答案。學生不問問題可不是一個容易解決的問題，有了 AI 聊天機器人，我立即想到鼓勵學生用它來練習問問題，有練過也許就會問了。

我擔不擔心學生對著機器問，反而更不向老師問，或者老師回答的和機器不一樣？我的答案是要先讓學生了解，問問題的目的不是記憶式的標準答案，而是思考式的論述答案。記憶的答案老師一定比不過機器，思考分析則是另一回事，人或機器的智慧都是學習來的，人的思考本來就應該和機器不一樣，問過機器，可以再問人，答案不同也不奇怪。這本書裡一段段師生的對話，閱讀起來會發現不同層次的分析收穫，發問式的學習就該如此。

我要提醒讀者，聊天的內容往往包含一些聊天者既有的文化或知識基礎。例如第一章裡談交通塞車問題，提到大家返鄉的日子是元旦與盂蘭盆節，這是日本一年中最重要的兩個節日，盂蘭盆節與台灣的中元節同日，但文化意義不同。另外，日本會以降低收費鼓勵開車族使用高速公路，以減輕其他道路的塞車，對台灣讀者而言也很新鮮。

初看書名時，我對作者將經濟學比為武器，頗為不解，這武器要對付誰、防衛什麼？是為了貿易戰、科技戰嗎？轉

念一想，這武器應該是回來守衛與推展人的價值。只要人能獨立思考、互相對話，多個能夠聊天的機器，還可能幫助學習，當然不會被機器取代。

# 目次

貨幣

（插圖：SATOUNAOMI）

# 前言

　　還在念高中的時候，我曾想過「跟其他的科目比起來，在經濟這門課學的東西很模糊」。「一來數學或理科（雖然很麻煩）的內容不是黑就是白，二來我知道英文與家政課總有一天會派上用場，好好學國語或歷史的話，至少可以博學多聞一點，但讀經濟到底有什麼用啊？」

　　長大之後，我開始覺得經濟好像比其他科目來得更「酷」。經濟這門課不會教我「要成為哪種大人」，因為經濟是從「每個人都不同」的角度思考。在學校這種地方，所有人對某件事情投注熱情當祭很重要，但走出校門之後，每個人都有不同的人生要過。既然如此，每個人最好思考接下來的人生該怎麼求生存，而這就是經濟這門課的基本概念。

　　雖然接下來這句話很像廢話，但我們每個人都不一樣，每個人覺得幸福的時候都不同，覺得辛苦的工作也都不一樣。有些人喜歡與夥伴朝著同一個目標努力，有些人則特別喜歡

一個人埋頭苦幹。有些人賺很多錢，買了很多昂貴的商品，有些人卻不太需要錢，只想在南洋的小島悠哉地過生活。有些人喜歡一頭栽進喜歡的工作，有些人卻一定要五點就下班，享受悠閒的生活。幸福的形式不只一種。

那麼，要得到幸福，需要什麼東西呢？朋友？家人？才能？有價值的工作？需要的東西有很多，而且不只是一個。

那麼我們有哪些資源可以用來得到幸福呢？既然是資源，那麼就有可能會用完或減少，所以不管是誰，時間與金錢都會用完才對。雖然幸福有很多種形式，但可用的資源卻是相同的。

經濟這門課目的著眼點不在幸福本身，在於如何巧妙地使用資源才能得到幸福，因此這門課不會教我們該怎麼做才能抓緊幸福，而且還會冷冷地告訴我們「因為只有你才知道，屬於你的幸福是什麼啊」，不過呢，這門課也會教我們「該怎麼使用有限的金錢與時間，才能得到幸福」，而且這門課還有下列這種想法。「你或許以為你就是現在的你，但只要體驗過一些事情或面對一些不同的狀況，你可是會變得自己都不認識自己」、「所以不要太過武斷，要保持思考的靈活」，這在經濟學之中稱為「風險對沖」。

擁抱夢想，實現夢想所需的知識都可透過經濟這門課學到，而「經濟與我」則是為了讓國高中生知道這一切而成立

的網路教室，也是本書的藍圖與雛型。

　　我們在二〇〇二年六月為國高中生創立了免費的網路教室「e-教室」。我們想透過 e-教室介紹的是更適合求生的技術（是技術而非知識這點，是 e-教室的特徵）。目前 e-教室有「算術的作文」「以英文看社會」「白利略工房」這些課程，有來自全國三百間以上的國高中生透過網路暱稱的方式參加這些課程。本書則是重新編撰「經濟與我」這門課的佈告欄內容所寫成。

　　由衷盼望本書能助國高中生以及其他想實現夢想的人一臂之力，成為「帶領大家走向康莊大道的導覽書」。

2005 年 5 月

「e-教室」主持人 **新井紀子**

## 第一章

# 返鄉熱潮能夠紓緩嗎？
# 稀少性與選擇

「經濟？不是政治家該思考的事情嗎？」

「是喜歡賺錢的人會念的東西吧？」

「我一個人再怎麼想，也管不了經濟或是政治。」

大家身邊有這樣的人嗎？

其實「經濟」與我們每天的行動息息相關喲。稍微回想一下就會發現，我們每天都會消費對吧？而且會在想了很久之後再消費。「怎麼會決定買那樣東西啊？該不會買另一樣比較好呢？」大家是否也曾如此煩惱過？其實這就是所謂的經濟，而且我們付的都是加了消費稅的價格。難道大家不好奇這些消費稅去了哪邊嗎？光是思考這點，就是在了解經濟囉。

假設明天是假日，你打算出門玩嗎？會不會先拈拈自己的零用錢還剩多少，再規劃要去哪裡玩呢？這其實也是一種經濟喲。行動電話為什麼會這麼普及？電話費為什麼會變得這麼便宜？思考這些問題就是在思考經濟。大家不覺得電車車廂空蕩蕩的時候，以及擠滿人的時候，都是一樣的搭乘費用很奇怪嗎？其實這也與經濟有關喲。

經濟早已滲入日常生活的每個角落，與我們的行動密不可分。

不過，就算經濟已經滲入我們的日常生活，要了解經濟還是得依序學習幾個重要的詞彙以及概念。一開始要介紹的

就是「稀少性」這個詞彙。我彷彿聽到有人說「我沒聽過這個詞彙」。

## 交通為什麼會堵塞呢？

　　e-教室的暑假開始了。員工之一的佳代似乎從老家回來了。

佳代

　　我從老家回來了。去程先查詢了路況資訊，所以很順利，但回程卻遇到了好幾次塞車。最塞的就是高速公路的出口。離開收費站之後，也花了很多時間才進入一般的道路。

　　佳代：「回家一趟好累啊，陷在車陣之中真的好累啊～」

　　貓貓經濟大師「那還真是累人耶，不過這可是學習經濟的絕佳教材喲」

　　佳代：「蛤？塞車跟經濟也有關係？」

　　當然有！在說明塞車與經濟有說什麼關係之前，請先跟e-教室的學員一起思考下列的問題，試著找出經濟的真面目。

## 貓貓老師的第一個問題

### 貓貓經濟大師

就像佳代遇到的塞車問題，每逢 8 月 15 日的舊盂蘭盆節前後，全國各地都會出現返鄉熱潮，但為什麼會這樣？有辦法紓緩這個熱潮嗎？請一邊回答下列的問題，一邊思考答案。

①你的家人今年會回老家嗎？

②有沒有卡在返鄉熱潮的車陣的經驗？

③覺得返鄉熱潮會消失嗎？

在出題的同時，也請 e-教室的學員回答了問卷，問卷的結果如下。

① 你的家人今年會回老家嗎？

會（44.4%） 不會（55.6%）

② 有沒有卡在返鄉熱潮的車陣的經驗？

有（77.8%） 沒有（22.2%）

③ 覺得返鄉熱潮會消失嗎？

會（11.1%） 不會（66.7%） 不知道（22.2%）

從結果來看，今年不會回老家的人稍微多一點，但曾經

陷入這股返鄉熱潮的人卻超過四分之三，意思是有不少人曾被返鄉熱潮折磨，而且覺得返鄉熱潮不會消失的人也超過一半以上，情況相當地悲觀。

良子

　　我每年的盂蘭盆節與新年都是開車回老家，而且都是趁著空檔出發，所以不太會遇到塞車。

　　許多企業都在同一時間放假，而這些企業的員工也都住在大都市，一放假就會往相同的方向移動，所以才會出現返鄉熱潮。不過，黃金週也同樣會湧現塞車熱潮，所以不只是返鄉的時候會塞車對吧。

　　每年返鄉的良子總是早別人一步出發，所以不會遇到塞車，這真是上上之策啊，而且良子也點出很重要的事情，那就是塞車不只是會在返鄉這段時間發生，只要用路人太多、太集中，就有可能會塞車。的確，每逢黃金週或其他的連假，廣播或電視都會報導去程與回程的路況。

## 經濟問題的基本——「稀少性」

　　在讀完上述的內容之後，應該還是有不少人覺得「塞車到底跟經濟有什麼關係」對吧？這時候差不多該跟大家說說，

葫蘆裡賣的到底是什麼藥了。

　　塞車的問題主要分成兩大種，其中之一是「為什麼會塞車」，另一個是「解決塞車的方案」。

　　請大家先將注意力放在良子的回答。良子告訴大家的是，返鄉時期與太多人使用高速公路的時候都會塞車。

　　在經濟的定義之中，人或車使用道路這件事稱為「需求」，而塞車可解釋為許多人同時對道路這項設施產生需求的現象。

　　道路是一種「經濟資源」。聽到「道路是資源」這種說法，可能有許多人會覺得「資源不是在講石油、煤炭這類能源嗎？」但在經濟領域之中，天然資源以及所有人類可使用的物資、服務都屬於「經濟資源」，也常直接簡稱為「資源」，而提供這類資源的行為則稱為「供給」。

　　若是將道路視為資源，那麼這項資源的供給是否充足呢？我們若是抬頭看看四週，有可能會覺得到處都是道路對吧？可是高速公路這種特殊的道路卻是少之又少，而且就算是一般道路，筆直通往目的地的幹線道路也不多，有些道路甚至只能在特定的時段通行。換言之，一般的道路雖然很多，但是想通行就能通行的道路其實極為有限。這種可使用的資源有限，無法滿足使用慾望的情況就稱為「稀少性」。

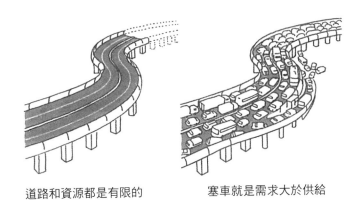

道路和資源都是有限的　　　　塞車就是需求大於供給

## 稀少性與經濟問題

　　所謂「稀少」就是數量偏少、不足的意思，那麼資源若是稀少會發生什麼問題呢？

　　最糟的情況有可能是人們變得你爭我搶。由於上述是以道路為例，所以有些人會趁著大家都還沒上路的時候就出發，例如良子就真的「早別人一步出發」。不過，如果大家都想著「早別人一步出發」的話，當然還是免不了塞車，同樣的問題也將一再發生。不過我們也從上述的例子學到一點，那就是要利用有限的資源滿足自己的需求，是一件很困難的事。

　　以有限的資源滿足自己的需求時，就會產生所謂的「經濟問題」。或許有些人一聽到「經濟」就會想到「賺錢」、「銷售商品」這類問題，但其實經濟就是在稀少性的前提下，思考該怎麼做，才能讓結果更好的行為，因此，當道路永遠

都是人車稀少的狀況，就沒有所謂的稀少性，也就不用費心思考該怎麼使用資源，當然也不用思考經濟問題。

環境問題也是經濟問題之一。在過去，人類的活動規模較小，所以覺得地的資源是無限的，但是到了現代，熱帶雨林與垃圾掩埋場都愈來愈稀少。

稀少性的現實不止如此。

以個人為例，大部分的人都必須在有限的預算之中，思考該買哪些東西。如果有用不完的零用錢，當然可以買下每一個想要的東西，但現實並非如此，所以還是得因為稀少性選擇要買的東西。也就是說，我們每天煩惱的都是稀少性的問題。

其實企業也得思考該怎麼透過各種的技術有效運用手上的經濟資源，藉此創造最大的利潤。

政府也是必須妥善地運用資源。不管是多麼強大的政府，都沒有童話故事中的萬寶槌，能夠隨時點石成金，所以都必須思考如何增加稅收，以及在有限的預算之下決定施政方針。

由此可知，稀少性的現實總是逼著我們面對經濟問題，也就是在資源有限的前提下，該如何進行選擇的問題。

## 資源有限的情況下，會發生什麼問題？

接下來讓我們將話題拉回返鄉熱潮吧。之前是以道路為

例，但其實返鄉熱潮除了會在道路出現，也會在 JR 的電車出現，甚至到了觀光旺季的時候，飛機票也會變得一票難求。

假設道路、座位這類資源稀少，會發生什麼結果呢？讓我們稍微想想看這個問題吧。

### 貓貓經濟大師

當有限的道路與座位供不應求的時候，會發生什麼事？也讓我們順便想想對策吧。

結果得到了下列的回答。

### momone

若以檸檬水比喻，檸檬供不應求時就會變貴，若以交通工具比喻，座位的數量不足以應付乘客的需求時，車票就會變貴。

momone 是這個教室最年輕的學員。之所以會提到檸檬水，是因為《將檸檬當成貨幣的方法》這本經濟學繪本。在這本書之中，檸檬水的「價格」因為檸檬歉收而愈來愈高，之後在第八章還會再提到這本書。

momone 根據繪本的內容推測商品會因為供不應求而變

貴。模仿 momone 的方法，根據讀過的書或學過的內容思考，可說是學習經濟學以及思考社會問題的關鍵喲。

話說回來，道路不會變貴，鐵路也不會變貴，所以 momone 的回答似乎不適用對吧？難不成 momone 的答案是錯的？其實不然喲。

請大家以飛機為例，思考看看吧。在淡季的時候，飛機通常坐不滿，航空公司也會祭出各種優惠對吧？可是到了返鄉或是觀光旺季時，機票的價錢就會回歸正常，但還是有人會搶不到機票。由此可知，航空公司希望透過票價解決稀少性的問題。

## 解決塞車的根本方法

接著讓我們試著思考解決塞車的方法吧。

太郎

**我覺得有兩種解決塞車的方法。**

**A 不返鄉。**

**B 錯開時期。**

其實解決塞車的根本方法就是這麼簡單。

讓我們一起思考太郎提出的解決方案。

A 的不返鄉其實就是不使用道路，所以對道路的需求也就消失了。

B 的錯開時期可以分散需求，所以與需求有關係。

這種讓需求消失或減少的方法符合解決返鄉熱潮的原理，但問題是，真的能減少需求嗎？

那麼真能減少需求嗎？

**貓貓經濟大師**

**真的有方法可以調整需求嗎？請試著以下列的情況思考看看。**

另一位員工chimako找到了下面這個實際發生過的例子。

**chimako**

**聽說去年島根縣做過這件事。**

**松江道與山陰刻意將高速公路過路費降至一半之後，交通量增加了 1.5 倍，常常塞車的一般道路的十字路口也因為這項措施，尖峰時段的塞車從 3.4 公里縮短至 2.4 公里。**

chimako 幫忙找到的是為了解決一般道路的塞車問題，鼓勵用路人使用高速公路的實驗。意思就是，將高速公路的過

路費減至一半，將用路人的需求從一般道路誘導至高速公路的意思。同理可證，若在返鄉熱潮期間將高速公路的過路費調至兩倍，或許就有可能紓緩車潮。

從一般道路的這個例子來看，或許電車也有類似的紓運方案。

假設是電車的紓運方案，可以讓路線變多一點，或是利用更密集的班次增加供給。其實鐵路公司都會拚命增加載運量，但這麼做會耗費不少時間與成本。

所以除了增加供給，還得想辦法解決需求的問題。方法之一就是分散需求，比方說，在依照不同的時段設定不同的票價，或許就是個可行的方法，如此一來，似乎就能停止月票的優惠，讓使用優惠價搭乘的高中生或是其他的月票乘客分散搭乘。這個方案在理論上行得通，但實際是否可行，還是得試了才知道。

## 返鄉熱潮會消失嗎？

以減少需求來說，太郎提出的「不返鄉」也是很可行的提案。稍微思考一下人們返鄉的理由，或許就能知道返鄉熱潮是否會消失。

小白ﾟ◦ﾟ◦ﾟ◦ﾟ◦ﾟ◦ﾟ◦ﾟ◦ﾟ◦ﾟ◦ﾟ◦ﾟ◦ﾟ◦ﾟ◦ﾟ◦ﾟ◦ﾟ◦ﾟ◦ﾟ◦ﾟ◦

　　沒有故鄉就不能返鄉。假設在都會出生與長大的人，也就是沒有故鄉的人占多數，不返鄉的人就是多數派。

　　如此一來，往都會集中的人們就比較不會返鄉，返鄉熱潮不就會漸漸退燒嗎？

ﾟ◦ﾟ◦ﾟ◦ﾟ◦ﾟ◦ﾟ◦ﾟ◦ﾟ◦ﾟ◦ﾟ◦ﾟ◦ﾟ◦ﾟ◦ﾟ◦ﾟ◦ﾟ◦ﾟ◦ﾟ◦ﾟ◦

　　一如小白所述，返鄉這個現象必須要有「都會」與「鄉下」這兩個地方才會發生。以日本為例，大批年輕人在經濟高度成長時期離鄉背井，來到都市，都市化的速度也因此加快。這些人在都市找到了安身立命之地，也在都市慢慢地老去。在都會生活的第一代在老家還有許多認識的人，所以才會返鄉。

　　在此為大家畫了一張圖表，說明都市化的程度。

　　從這張圖表可以發現，在三大都會圈居住的人們約占日本總人口的一半，也就是 50%，而在被譽為經濟高度成長時期起點的 1955 年之際，大概只占了 35% 左右，所以人口在這段期間的確紛紛往都市集中。

　　反之，與住在都市的第一代相較之下，第二代、第三代就與故鄉愈來愈疏遠，也愈來愈不返鄉，所以就長期來看，返鄉熱潮總有一天會消失，其實這陣子已經很少聽到大塞車的新聞了。

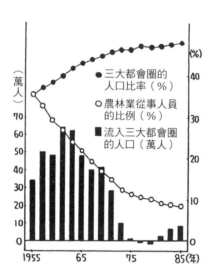

經濟高度長成時期的都市化（自「平成２年度國民生活白皮書」節錄）

　　經濟問題也與這類社會結構變動有關，所以除了解決眼前的問題之外，從長遠的角度觀察事物也非常重要。

　　若將眼光轉向全世界，越是經濟正在發展的國家，返鄉熱潮似乎就越嚴重。比方說，比鄰的中國每逢春節，也就是農曆新年，都會發生嚴重的返鄉熱潮，雖然鐵路局增加了許多班次，企圖解決載運量不足的問題，但實在是杯水車薪。有報導指出，中國會提早一週保養於春節行駛的特別列車，也會在這段期間將車票價格調高 10 ～ 30%，但是擠進都會討生活的人還是太多。

## 【這次學到的概念】

經濟、資源、稀少性、需求、供給、價格

## 【總結】

① 為什麼返鄉熱潮與經濟有關？因為道路是一種稀有資源，需求與供給會互相排擠。

② 資產指的是所有可用的東西，舉凡道路、座位、檸檬水、巧克力、金錢都是資源的一種，連時間都是寶貴的資源。

③ 稀少性就是「有限」的意思。相較於我們的慾望，我們可使用的資源通常比較少，所以總是得妥善地分配資源，得到最佳的結果，我們也時時刻刻面對這類經濟問題。

④ 根據這類稀少性制定策略就是所謂的經濟，所以社會的一切都屬於經濟的範疇。

## 【複習題】

① 請判斷下列的文章何者正確，何者錯誤。

（　　）經濟只考慮賺錢或生產商品這些事。

（　　）稀少性是貧困國家的問題，日本這種富庶的國家不需要考慮。

（　　）除了石油、煤碳這類天然資源之外，時間以及所有可使用的事物都算是經濟資源。

（　　　）當資源出現稀少性的問題時，必須試著減少需求
或是增加供給，適當地分配資源。

② 請試著思考下列的問題。

1. 為什麼會出現返鄉熱潮？請試著從社會與經濟這兩個方面回答。

2. 請盡可能收集有可能出現稀少性問題的例子，同時思考解決這類問題的方案（提示：演唱會門票就是不錯的例子）

3. 在前面提到用路問題時，介紹了增加供給、減少需求這種原理性的方案，還沒有沒其他能解決塞車的方案呢？也請試著思考這類方案的可行性。

4. 先前介紹電車的例子時，曾提到停止月票，提高尖峰時段票價的方案，但這個方案可行嗎？真的可以實施嗎？請試著思考這個問題。

## 第二章

# 失敗的購物
# 機會成本

第一章介紹了稀少性這個主題。看到「稀少性」這個名詞，或許會讓人覺得有點難懂，但其實就只是「資源有限」的意思。在我們每個人擁有的「資源」之中，最具代表性的莫過於「金錢」以及「時間」。

如果我們擁有一直冒出錢的錢包以及長生不死的靈藥，我們會或許就不會再思考該怎麼花錢，也不會思考現在該做什麼，但遺憾的是，金錢與時間都是有限的，所以「不能不仔細」想想使用這兩種資源的方法，但是我們到底該「仔細」想什麼呢？這次就為大家介紹幫助我們思考的「機會成本」的這個概念。

## 失敗的購物

這次要從貓貓老師下面這個親身經歷開始介紹。

### 貓貓經濟大師

某天晚上下雨，房間的日光燈突然暗掉，可是我覺得去平常常去的平價電器行買日光燈很麻煩，所以就在家裡附近的店買了。買的價錢是 800 日圓，比平常買得貴一點，但也無可奈何就是了。前幾天，我在之前常去的平價電器行看到另一個牌子的日光燈，沒想到居然只要 360 日圓，這價差真的是讓我既憤慨又後悔。

想必大家都有買過東西。

請從這些購物經驗之中，舉出一個「我也曾經買貴東西」的例子。

然後試著回想一下，當時還有沒有別的東西可以買，以及為什麼沒買那件東西，反而買了讓你覺得買貴的東西。

bobo ⌒⌒⌒⌒⌒⌒⌒⌒⌒⌒⌒⌒⌒⌒⌒⌒⌒⌒⌒⌒⌒⌒⌒⌒⌒⌒⌒⌒⌒⌒⌒

就算是喜歡的公仔，筆記本、聯絡資訊簿、尺、檔案夾、通常都是一時衝動買下。

不過結帳的時候，還是有猶豫一下啦⋯⋯。

⌒⌒⌒⌒⌒⌒⌒⌒⌒⌒⌒⌒⌒⌒⌒⌒⌒⌒⌒⌒⌒⌒⌒⌒⌒⌒⌒⌒⌒⌒⌒

我們平日就很常衝動消費，常常會因為當下的心情而購物，一旦回過神來才發現自己失控亂買。雖然「當下會猶豫」，但如果能夠更冷靜一點，會需要注意哪些事情呢？

史耐克 ⌒⌒⌒⌒⌒⌒⌒⌒⌒⌒⌒⌒⌒⌒⌒⌒⌒⌒⌒⌒⌒⌒⌒⌒⌒⌒⌒⌒⌒

我很常亂買一通，但最常亂買的就是遊戲軟體（笑）。我很常只看了背面覺得有趣就買，買到手之後，才發現遊戲很無聊。

⌒⌒⌒⌒⌒⌒⌒⌒⌒⌒⌒⌒⌒⌒⌒⌒⌒⌒⌒⌒⌒⌒⌒⌒⌒⌒⌒⌒⌒⌒⌒

想必很多人有類似的經驗。史耐克的例子也是衝動性消

費之一，但另一個問題是，到底該怎麼判斷不知內容物的商品。

## 購物的成本

購物失敗的共通之處在於花了錢卻沒得到預期的結果。

從選擇的東西得到的滿足在經濟學稱為「效用」（utility）。由於效用的內容是「幸福」或是「好有趣！」這類情緒，所以很難換算成金錢，但我們可以透過「購買某物」的這項行為，將得到的「效用」換算成金錢。我們在購買商品的時候，心中會有個「合理的價位」，而這個價位就是該商品的效用（正確來說，是以金錢作為衡量單位的效用）。

假設該價位與效用相等，我們大概會覺得這錢花得還算值得。在經濟學之中，會以「無異」這個詞彙形容哪邊都一樣的情況。假設效用比支付的金錢高，我們就會覺得划算，反之就會覺得吃虧。

若問 bobo 與史耐克為什麼會覺得吃虧，在於他們覺得商品的效用小於商品的「價格」，而這個情況可寫成下列的公式：

購買商品的效用＜商品的價格

那麼貓貓老師的情況又是怎麼一回事？貓貓老師在家附近的超市買 800 日圓的日光燈時，應該沒想到事後會這麼後

悔，等到他在別間店看到標價 360 日圓的相同商品時，他才真的覺得「我買貴了！」對吧。因此，在購買 800 日圓的日光燈之際，應該是：

日光燈的效用＞ 800 日圓

這個公式才對。意思是在貓貓老師發現 360 日圓的日光燈之後，800 日圓的日光燈的效用就下降，貓貓老師也因此覺得自己買貴了嗎？

購買商品的效用＜商品的價格

不是的，因為日光燈解決了問題，所以效用還是一樣。

由此可知，在衡量損失與獲利的時候，絕不能忽略「與其他東西比較」這個元素。「其他東西」包含了「不買」這個選項，所以讓我們一起思考損失與獲利的「相對大小」吧。

　　若問貓貓老師在購買 800 日圓的日光燈時，獲得多少利益（這時候的獲利會以「純效用」這個艱深的字眼形容），答案就是：

　　日光燈的效用－800 日圓

　　由於這個算式的結果不是負數，所以貓貓老師在以 800 日圓購買日光燈的時候，不會覺得自己買貴了。可是，如果能以 360 日圓購買，得到的利益應該會是：

　　日光燈的效用－360 日圓

　　這算式的結果當然比以 800 日圓購買的時候來得大對吧。貓貓老師也是因為「獲利比較少」，所以才會覺得自己「買貴了！」。

　　簡單來說就是購入日光燈的成本（費用）莫名多了 440 日圓的意思。但真的是損失了這多花的 440 日圓嗎？當然不是，因為失去的其實更多。

　　即使是花 800 日圓購買的日光燈，得到的效用與花 360 日圓購買的日光燈還是一樣對吧？此時若有 440 日圓，或許就能買到效用高於 440 日圓的商品，或是可以利用這多出來的 440 日圓買到原本買不到的商品，得到更高的效用，說不定還可以將這 440 日圓捐給需要的人，讓自己覺得幸福，雖然捐錢不算是消費，卻能得到很不錯的效用。換句話說，多付 440 日圓，讓貓貓老師失去了得到這類純效用的機會。

在經濟學之中，不會只思考付了多少錢，而是會像上述的情況思考多付了錢所失去的純效用，這種「失去得到效用的機會」就是所謂的「機會成本」。因為少了 440 日圓而無法購買的商品當然有很多種，其中效用最高的商品就會是機會成本。

## 機會成本到底是什麼？

大部分的人都能認同的經濟基本原理之一，就是「利用有限的資源得到最大的效用是合理的行為」。

假設錢包裡面有 1000 日圓，自由的時間有三小時，誰都會想利用這有限的資源採取最能滿足自己的行為，但就算前面提到的，滿足或效用都是很抽象的概念，很難進行比較，所以才會以「機會成本」這個衡量行為是否合理的概念作為標準。

那麼該怎麼應用這個概念，做出合理的選擇呢？現實的經濟又與這個概念有什麼關係呢？

小白

　　我很常喝運動飲料，但常常不知道該花 150 日圓買知名品牌的運動飲料，還是花 100 日圓買名不見經傳的運動飲料。

　　100 日圓的運動飲料可能不會太好喝，但有時候還是會因為它比較便宜而購買，只是事後常常會覺得「就算貴一點，也應該買好喝的才對」。

　　讓我們藉著小白的例子，思考機會成本與效用之間的關係，以及想想做出合理決定的方法。

　　讓小白舉棋不定的是知名運動飲料與雜牌運動飲料。知名運動飲料的效益（純效用）為「知名運動飲料的效用－150」，雜牌運動飲料的效益為「雜牌運動飲料的效用－100」，所以購買純效用較高的運動飲料似乎比較划算。

　　不過，讓我們再想得深入一點。不買知名運動飲料，改買雜牌運動飲料的話，只需要花 100 日圓，剩下來的 50 日圓應該還可以得到額外的純效用才對。這跟貓貓老師剛好買了便宜的日光燈，多出 440 日圓，可以得到更多效用的情況一樣，所以就不能只是單純地比較這兩種飲料。知名運動飲料的純效用會比較高的話，代表下列的公式成立：

　　知名運動飲料的效用－ 150 ＞（雜牌運動飲料的效用－
　　100）＋（未來利用 50 日圓得到的效用－ 50）

　　整理之後，可以得到下列的公式：
　　知名運動飲料的效用＞ 150 ＋（雜牌運動飲料的效用－
　　100）＋（未來利用 50 日圓得到的效用－ 50）。

雜牌運動飲料的純效用（雜牌運動飲料的效用－100）
與 50 日圓能得到的純效用（未來利用 50 日圓得到的效用－
50）的加總結果其實是購買知名運動飲料的機會成本。換句
話說，花 150 日圓購買知名運動飲料的時候，除了要思考得
失的問題，還得思考沒辦法購買 100 日圓的雜牌運動飲料，
以及之後少了 50 日圓可以使用的機會成本。

　　不過，這 50 日圓到底能帶來多少純效用實在是未知之
數。沒有人知道未來會發生什麼事，說不定零用錢增加之後，
情況就會跟著改變。這個效用實際上到底有多大，實在很難
預測，而這也是小白難以選擇的理由。

## 機會成本與時間

　　本章在一開始就提過，最具代表性的個人資源就是金錢
與時間。金錢與時間之間又有什麼樣的關係呢？

小泉

　　沒想到我居然在電影上映的第一天就去看了，不過因為
沒有先預約，所以花了很多時間排隊買票，最後也只買到午
夜場的電影票，所以在入場之前，得先做別的事情消磨時間。
熱門的電影總是有很多人排隊啊。

　　小泉看這場電影花了多少錢呢？不是只花了電影票的錢嗎？不是喔，怎麼可能這麼少，因為小泉其實在排隊的時候，付了「時間」這個費用喲，而且小泉買到的是午夜場的票，所以得先做別的事情打發時間，這部分也算是一種費用。所以若是排隊買票，做別的事打發時間，再看電影，那麼小泉除了花錢買電影票，還付出了排隊與打發時間的機會成本。

　　如果將這些機會成本還原成金額，費用恐怕會比想像來得更多，但如果能得到比費用更高的滿足度，那也就無所謂了，而且此時的滿足度也不只是來自電影。

良子 ∘∘∘∘∘∘∘∘∘∘∘∘∘∘∘∘∘∘∘∘∘∘∘∘∘∘∘∘∘∘∘∘∘∘∘∘∘∘∘∘∘∘∘∘∘∘∘∘∘∘∘∘∘∘∘

　　我覺得跟大家一起開開心心地邊聊天，邊排隊很棒，一早就去球場排隊，等待看球類比賽的人，應該也是一樣的心情吧。會去排隊的，一定都是超愛那部電影的忠實影迷。一開始的確是彼此不認識，但排著排著，大家就變成朋友了。

　　意思是，雖然花了很多時間排隊，卻從排隊這件事得到滿足，所以除了得到看電影的效用之外，還因為排隊、交換情報、交到朋友得到其他的效用。有些人或許會覺得排隊很痛苦，但這些人會將時間用在其他事情上面，良子則是透過排隊這件事，交到擁有相同興趣的朋友。從這個例子可以發

現，每個人會得到截然不同的效用，而這也是經濟學的特性之一。

## 時間買得到嗎？

在忙著討論這些事的時候，狗狗老師也提了下列這些建議與問題。

## 狗狗經濟大師

從貓貓老師的經驗來看，不能將這 440 日圓的差價看成

購買了悠哉的時間嗎？日光燈的品質應該也沒有太明顯的差異。不過，440 日圓的價差的確是太高了……。

　　所以在此要向大家提出一個問題。「花錢買時間」到底是什麼意思？請大家試著以實際的例子思考這個問題。

chimako 的回答如下。

　　如果趕不上跟別人約定的時間，我會乾脆搭計程車趕去。雖然比坐電車貴，但只能先趕到約定的地方。每次我都會覺得「早知道提前十分鐘出發就好了。」所以的確是花錢買了時間。

　　將那些能在 10 分鐘之內做的事情，或是在 10 分鐘之內犧牲的事情換算成金錢之後，如果計程車費比較便宜，那麼搭計程車就是十分合理的行為。對 chimako 來說，遲到會失去信用或商機，所以計程車費比機會成本便宜得多。如果 chimako 是學生，遲到也只是被老師念個幾句的話，那應該就不會選擇搭計程車了。

史耐克

　　我是鐵路迷，總是利用青春 18 套票旅行。青春 18 套票是最適合我這種窮學生使用的車票（笑）。

　　不青春的人也能使用青春 18 套票，不過，要坐著緩慢的火車慢慢晃，非得有很多的時間不可。如果是個性很急的人，恐怕會覺得搭這種火車慢慢晃很浪費時間吧。此外，趕時間的人若不得不搭這種慢速火車出發，恐怕會一直計算在這段時間犧牲的機會，然後覺得很焦慮吧。不過，史耐克是鐵路迷，覺得利用慢速火車走遍不同路線這件事充滿了效用，所以他才會覺得能以如此便宜的費用得到最大的效用的自己，是很聰明，時間又很從容的消費者。

## 時間就是金錢

　　「時間就是金錢」（Time is money）這句俗語非常適合解釋時間能不能買得到這個問題。這句話是 18 世紀美國人班傑明・富蘭克林（Benjamin Franklin, 1706-1790）所說，直接了當地說明了時間這種機會成本。

　　像前述這樣以經濟學的角度稍微回顧日常生活，就能讓我們的生活變得更豐富，行為變得更加合理。

　　momone：「我是 momone，這次我成為審書員，出版社每個月都會送來新書，接下來的一年我會寫這些書的心得」

　　貓貓經濟大師：「momone，這是很棒的機會耶，但你有想過成為審書員的成本嗎？」

　　momone：「成本應該是寫感想的時間吧？如果是很難的

書，就有可能是閱讀消耗的腦力，不過，我覺得讀書的樂趣比閱讀所需的時間或是腦力來得更高。」

momone 似乎已經熟悉機會成本這個概念了。讀書或是寫心得的時間也可以做其他的事情，但對 momone 來說，思考機會成本之後，發現讀書比較有趣。

經過上述的說明之後，大家是否已經了解機會成本這種概念的輪廓了呢？效用或機會成本就像是空氣一樣，是看不見摸不著的東西，但除了避免買錯東西之外，這些概念也能幫助我們從經濟的角度觀察社會，所以之後學習其他概念時，也要記得思考這個至關重要的成本喲。

了解行為是否合理之後，請試著思考日本這個國家的政策是否合理，以及稅金是否有效地運用。日本常進行政府開發協助（Official Development Assistance, ODA）這類國際援助活動，而這些活動都需要金錢與時間。雖然無法援助所有的人，但令人遺憾的是金錢與時間都是有限的，所以才需要思考如何讓效用最大化；希望大家都能判斷稅金是否合理使用。

【這次學到的概念】

　機會成本、純效用、價格、成本（費用）、效用。

## 【總結】

① 許多人都希望利用有限的資源得到最大的效用,卻也常常失敗。之所以如此,往往是因為沒有仔細計算效益與成本之間的關係。

② 經濟學所說的「成本」不只是支付的金錢,還包含在選擇過程中被犧牲,且最具價值的選項(第二重要的東西),此時會將這個選項換算成金額,藉此計算真正的成本,此時的成本也就稱為機會成本。

③ 任何行為都會產生成本,所以必須先計算各種選項的成本,再試著從中找出最佳的選項。

④ 機會成本的概念可用來評估政府的政策,例如觀察稅金都用在哪些地方,得到什麼效果。

## 【複習題】

① 請判斷下列的文章何者正確,何者錯誤。

( ) 購物的成本就是支付的金額。

( ) 比較效益與成本,提升最大效用就是合理的行動。

( ) 排隊看電影的成本除了電影票的費用,還包含在排隊的時間或是上映時間產生的費用。

( ) 花錢買不到時間。

②請回答下列的問題。

1. 一如「時間就是金錢」這句俗諺，「天下沒有白吃的午餐」也很常用來解釋機會成本。請試著說明這口話的意思。

2. 請試著舉出與小白一樣，不知該如何選擇的例子，也試著思考當下是以何種標準選擇。

3. 使用青春 18 套票的都是哪些人呢？請試著從機會成本的角度說明。

4. 假設政府透過 ODA 援助某個國家 100 億日圓。請試著以機會成本衡量這時候的 ODA 發揮了哪些效益。

## 第三章

# 價格是如何決定的？
## 市場與價格

在第二章，我們思考了在購買商品與使用時間之際的基本概念、效用與機會成本。

不過，商品的「價錢」，也就是經濟學的「價格」到底是怎麼形成的呢？或許有些人曾在公民課的時候，去市場參觀過。商品一進入市場之後，競標人就開始投標，出價最高的競標人就能拍得商品，商品的價錢似乎就是像這樣子決定的對吧？但價錢真的都是在市場決定的嗎？購買東西的我們真的與價格形成的過程毫無關聯嗎？

在 e-教室擔任數學老師的 fields 體驗了網路拍賣的流程，還寄了一份報告過來，所以讓我們根據這份報告思考上述的問題吧。

## fields

我想要買暖桌被，所以上網拍賣。

我最想要的拍賣品是質地較厚的褐色暖桌被，起標價（競標的初始價格）也只要 300 日圓，如果在百貨公司或是郵購買的話，再怎麼便宜都要 4000 日圓左右，而我覺得只要不超過 1000 日圓就可以買，所以就「投標」了。

不過，其他人的想法似乎跟我一樣，所以價格不斷地往上漲，最終漲到了 3500 日圓，如果再加上運費，幾乎就沒有便宜多少。

我第二想要的是較大件的藍色暖桌被。這件競標商品的起標價為 1000 日圓。不知道為什麼，除了我以外，沒有別人競標，所以我只出起標價的 1000 日圓就拍到這件商品了。

我很開心能拍到這件商品，也覺得網路競標有點興奮，但我也覺得，花這麼多心思競標，似乎不大符合機會成本……。

上述的流程與市場的「競標」可說是如出一轍。第一件競標商品的暖桌被有很多人想要，所以價格也愈炒愈高，下一件的暖桌被卻因為沒人想要，所以價格動都不動。fields 告訴我們，如果起標價設定得比商品的價值高很多，該商品恐怕就會乏人問津。在經濟學的世界裡，這種市場以及交易的地方都稱為「市場」。

唔，fileds 似乎因為這次的網路拍賣而有了一些新想法，讓我們問問他的意見吧。

fileds

參加競標之後，就對「價格到底是怎麼形成的」這個問題很有興趣。我試著將這一年對價格的想法列了出來。

① 去年來了很多颱風，蔬菜也因此變得很貴，害我都買不下手，不管是高麗菜還是萵苣，全都變得很貴，水果也變

得超貴，過完年之後，價格總算恢復平穩。

　②　雞蛋的價格因為禽流感不斷上漲，而且一直都無法回到原本的水準，害得我不知道該買還是不該買。

　③　去年夏天舉辦了奧運，我那時候對大尺寸的電視很有興趣，也去了電器行一趟，結果發現價格比前年便宜不少，讓我覺得買了應該很划算。

　商品的價錢到底是怎麼形成的啊？

fields 的問題立刻就有網友回覆。

## 橄欖石

　您想知道的是價格怎麼形成的嗎？這問題真的很貼近生活耶，我就說說一些我所知道的事情吧。我覺得商品的價格分成三大種。

　①一種是某種商品由很多間公司生產，所以價格都是透過競爭決定的模式。

　②　第二種是只有三間公司推出某項商品，該商品的價格一直都很穩定的模式。

　③　最後一種就是某項商品只由一間公司生產，價格只由該公司決定的模式。

　在資本主義社會之中，①可說是最佳模式。

看來這位橄欖石網友很了解市場的構造呢。

①的模式稱為競爭市場，是在資本主義初期最常見的型態。

②的模式稱為寡占市場。例如家電、汽車這類消費性耐久財、或是需要鐵或化學產品這類大型設備的生產財，都屬於這類市場。fields 在貼文提到的電視也屬於寡占市場。

③的模式則不大常見。若以日本為例，電話或電力就屬於這類市場，但之後應該會愈來愈競爭，有些獨占企業甚至是由中央或地方政府負責經營，這時候價格就會是需要經過政府核可的公共事業費用。

若是根據橄欖石網友的分類，fields 提到的蔬菜、雞蛋與家電的價格又是由誰決定的呢？

K

蔬菜的價格是由供需的平衡以及過程決定，所以若從橄欖石網友的分類來看，應該屬於①「透過競爭決定的模式」。

如果有很多人想買高麗菜（需求），但供給不足的話，高麗菜的價格就會上漲，如果供給過多但需求不足，價格就會下滑。

比方說，在冬天銷售夏天的當季蔬菜，就可以因為市場上的數量（供給）較少，需求高於供給而漲價。高麗菜豐收的時候，價格就會跌破行情，所以就會故意利用拖曳機壓壞

高麗菜，讓供給量趨於穩定，也就能控制高麗菜的價格。

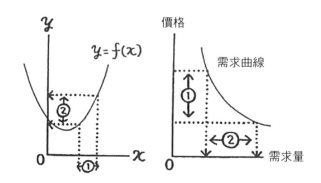

　　K先生似乎也很了解市場裡的價格是怎麼形成的。由於這部分光靠文字可能很難了解，所以讓我們透過需求曲線與供給曲線說明吧。

　　所謂的「需求曲線」就是代表「價格降到某個水準就可以買」的買家心態的曲線，而「供給曲線」則是「價格高於某個水準就可以賣」的賣家心態的曲線，要將這兩條曲線畫在同一張圖時，直軸可以是價格，橫則可以是需求量與供給量，剛好可以畫成像是數學函數的圖表。

　　要請大家注意的是，數學函數 y＝f（x）是說明 y 值會隨著 x 值改變的函數，若是要將這個函數畫成圖表，橫軸會是 x，直軸則是 y，但是在經濟學的世界裡，卻是讓直軸與橫

軸互調位置喲。也就是說，橫軸的供給量或需求量會隨著直軸的價格改變，也就是所謂的供給曲線與需求曲線的圖表。

　　而且在畫這種圖表的時候，只將重點放在價格的變化。這種「其他的條件固定不變」是非常重要的前提，因為如果價格以外的條件也是變動的，需求或供給的曲線就得重新繪製了。重新繪製的曲線與最初繪製的曲線兩相比較之後，會發現曲線似乎移動了，這種現象稱為「曲線位移」，必須與需求量或供給量隨著價格而改變的情況分開來看。

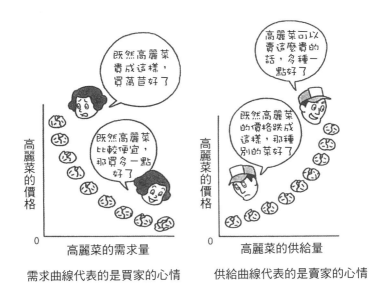

需求曲線代表的是買家的心情　　　供給曲線代表的是賣家的心情

　　教科書通常會把需求曲線與供給曲線畫在同一張圖表，但其實這兩種曲線是完全不同的東西，所以一開始才要先繪製需求曲線，接著再繪製供給曲線，然後將兩條曲線組成一

張圖表。

　　讓我們在各種前提之下，將高麗菜的曲線畫成圖表。從圖中可以發現，需求曲線是往右下方下滑的趨勢對吧，所謂往右下方下滑代表的是，買家會在高麗菜很貴的時候改買其他東西，等到高麗菜變得便宜才買高麗菜的心情。供給曲線則是往右上方上升的趨勢。往右上方上升代表的是賣家在遇到高麗菜跌價的時候，會因為賺不到錢而改種其他蔬菜，不種高麗菜，等到高麗菜變貴時，再種高麗菜的心情。不過，高麗菜的供給很難完全符合價格的變化，所以就短期來看，高麗菜的供給曲線幾乎都接近垂直的角度。

　　從這張圖表可以發現，高麗菜的價格會於需求與供給平衡的位置形成，但不是突然就於這兩條曲線的交點形成，通常都會像 fields 參加的競標一樣，經過多次的磨合才形成，有時候價格還會因為賣不完或是賣不夠而形成。

　　我想說的意思是，理論上的確有在供需平衡之際形成的價格，但思考供需平衡會在何時發生，是在思考價格會如何變動，又該如何定價的時候，非常重要的一環。

　　剛剛 K 先生也提到在冬天賣的話，價格會上漲，過度採收時，價格會下滑的例子，所以供給曲線的位移也會導致價格產生變化，至於 fields 提到的禽流感與雞蛋變貴的例子，也同樣能以供給曲線的位移說明，所以讓我們試著透過圖表了

解這個例子吧。

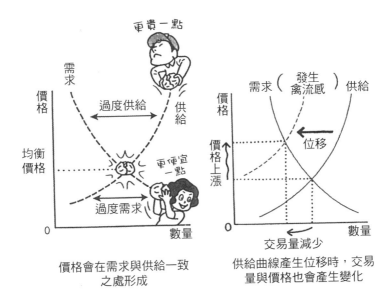

價格會在需求與供給一致
之處形成

供給曲線產生位移時，交易
量與價格也會產生變化

## 生產複雜度與價格

　　話說回來，K 先生除了提到供需平衡，還提到「生產複雜度」這個決定價格的因素。

　　大家覺得，供需平衡與「生產複雜度」哪一個才是決定價格的關鍵？其實這是很難回答的問題，讓我們以蔬菜為例，想想看吧。

K

一般來說，用心栽培的蔬菜通常「比較好吃」，所以若

能在包裝上面標示花了多少精力或時間種植，應該會賣得不錯（＝需求增加）才對。

比方說，在包裝標示「這是手工採收的草莓」，會讓消費者覺得每顆草莓都花了很多工夫採收，所以會賣得比較好（＝需求增加）。就一般人的印象而言，小農生產的蔬菜也比大量種植的蔬菜來得更好吃。

花了很多時間與精力種植蔬菜的人當然會覺得「不賣貴一點不划算」對吧？但不管多麼用心種植，只要賣不出去就一點辦法也沒有，換句話說，商品要能賣得好，除了賣家的用心之外，還得買家有需求才行，賣家與買家之間算是互相拉鋸的關係，一邊想著該怎麼定價才合理，另一邊想著價格多低才划算。

首先讓我們先了解賣家的想法吧。一般來說，賣家（供給端）都會計算到底耗費了多少時間與精力生產，而這部分稱為成本計算，此時通常會連同機會成本一併計算。

算出成本之後，再加入想賺多少錢的目標利潤，藉此決定商品的價格。如果買方（需求端）願意接受這個價錢，那當然是皆大歡喜，但批發商絕對不肯用這種價格批貨。由於大部分的商品在市場上的競爭都很激烈，所以不訂一個能贏過競爭對手的價錢，恐怕會錯過不少買家，所以常常會訂出

接近成本的售價。這種市場又稱為「完全競爭市場」。其實一開始說明的供給曲線就是在售價接近成本時，反映多少供給量進入市場的曲線。

不過，若是成功開發了其他公司沒有的新商品，就不會遇到競爭對手，也就能訂出目標利潤很高的售價，此時這種市場就稱為獨占市場，但在大多數的情況下，競爭對手會立刻生產類似的商品，所以沒辦法一直獨占市場，也無法一直讓售價維持在高檔。

除了能獨占市場的新商品之外，耗費大量心血生產的產品或是猜測買家的行為模式，也有機會高於成本的價格出售商品。

例如「手工採收的草莓」這種宣傳文案，或是建立產地品牌形象的手法，都是提高售價的方法之一。這種「非價格競爭」是一種提高售價的手法，能夠人為創造「這不是一般的草莓喲」的稀少性。買家有可能會覺得「手工採收」的草莓比較好吃，所以稍微貴一點也願意買，很少吃草莓的人或許也有可能為了嘗鮮購買。從結果來看，這種手法提升了需求，也抬高了售價。

不過，這不代表可以隨意哄抬價格，因為將售價訂得太高，會讓買家棄草莓而去，改買其他的水果，也不會有人願意購買天價般的草莓。在透過非價格競爭創造消費者的需求

之際，當然也會出現價格競爭的現象。

## 誰會調整生產量？

K 先生也提到了農產品的「供給調整」。對農家來說，要把用心栽植的高麗菜耕鋤，絕對是件很心痛的事。

fields：「話說回來，這時候誰會率先耕鋤高麗菜呢？」

K：「我也不知道耶，說不定是所有農家在討論之後，再進行耕鋤……」

fields：「如果我們是高麗菜的農家，會怎麼做啊？比方說，如果貓貓老師與 K 先生先耕鋤高麗菜，那麼價格不就會上漲，這時候我不耕鋤也沒關係對吧？那麼豈不是只有我一個人得利嗎？」

K：「說不定是農業合作社命令大家一起耕鋤？」

到底誰會先耕鋤呢？如果是由農家自行決定耕鋤的話，很有可能會發生一人得利的問題對吧？如果每個人都這麼想，就不會有人願意耕鋤了。

不過，耕鋤真的會有損失嗎？

fields ᪣᪣᪣᪣᪣᪣᪣᪣᪣᪣᪣᪣᪣᪣᪣᪣᪣᪣᪣᪣᪣᪣᪣᪣᪣᪣᪣᪣᪣᪣᪣᪣᪣᪣᪣᪣᪣᪣

　　採收之前的高麗菜是在田裡。

　　要採收就得雇人一起採收，也就必須付薪水給對方，而且裝箱也得支出一定的費用，載到市場銷售也會產生費用。如果賣掉高麗菜的營收比這些費用來得低，農家就只能忍痛耕鋤了。

　　此時候如果全部耕鋤的話，就一毛錢也回收不了，所以農家通常會先耕鋤過熟的高麗菜，等待價格恢復到高麗菜的價格比銷售的雜費更高為止。

ᪧᪧᪧᪧᪧᪧᪧᪧᪧᪧᪧᪧᪧᪧᪧᪧᪧᪧᪧᪧᪧᪧᪧᪧᪧᪧᪧᪧᪧᪧᪧᪧᪧᪧᪧᪧᪧᪧᪧ

　　在 fields 的發言之中，最重要的就是出貨到市場的管銷成本與高麗菜價格之間的比較，但大部分的人都會覺得耕鋤那些細心栽植的高麗菜很可惜，因為栽植高麗菜的時候，要先耕土、施費，而這些也都是成本，我們真的可以不考慮這些成本嗎？

　　若是在高麗菜已經成熟，準備進入採收期的時候遇到不得不考慮要出貨還是耕鋤的情況，那麼不管最終是要出貨還是要耕鋤，其實都已經在種植高麗菜的時候花了一筆錢，而這種不管最終的決定為何，都已經先投入的費用又稱為「沉沒成本」（Sunk cost），所以不考慮種植成本，只考慮出貨還是耕鋤比較有利，才是正確的思考流程，假設出貨的成本

比較高，那當然是耕鋤比較划算。

另一個重點是慢慢耕鋤這個部分。如果其他農家也耕鋤，導致出貨量大減，價格或許真的會反彈，高麗菜也有可能受到消費者的青睞，所以遇到這種大環境與價格都不斷變化的時候，不要貿然地做出所有決定，細心地觀察周遭的變化，一步一腳印地做出每個判斷通常會得到比較理想的結果。

**【這次學到的概念】**

競標、市場、需求、供給、需求曲線、供給曲線、曲線位移、非價格競爭、沉沒成本。

**【總結】**

① 市場的價格是由代表賣家心情的供給與買家心情的需求決定。

② 這個價格形成的過程若畫成需求曲線與供給曲線，就會比較容易理解。

③ 需求曲線、供給曲線是以價格之外的條件都固定的競爭市場作為前提，所以當價格以外的條件產生變動，曲線就會移動。

④ 除了供需平衡之外，也很常在市場看到透過塑造品牌或其

他的手法設定商品價格的情況。

## 【複習題】

①請判斷下列的文章何者正確，何者錯誤。

（　　　）價格是由市場的某個人或特定公司自行決定。

（　　　）價格是由供需以及生產複雜度決定。

（　　　）對農家來說，因為豐收而耕鋤高麗菜是合理的行
為。

（　　　）雞蛋之所以會因為禽流感變貴，是因為供給比需
求來得少。

②請思考下列的問題。

1. 請試著利用需求曲線與供給曲線，畫出 fields 嘗試的網
路競標。

2. 請利用需求曲線與供給曲線的位移，說明高麗菜為什麼
會在颱風過後變貴的現象。

3. 請試著透過報告的商品欄位，觀察原油或鐵的價格產生
哪些變化。

4. 如果正在觀賞的電影很無聊，該採取什麼行動才符合經
濟原則？請試著以「沉沒成本」這個概念說明。

## 第四章

# 有標價與沒標價的商品
## 各種價格

　　了解價格如何形成之後的某一天,「無話不談」專欄出現了一篇來自 fields 的貼文。

fields ～～～～～～～～～～～～～～～～～～～～～～～～～～～～～～～～～～
　　車站前面常有人在發面紙,我每次都猶豫要不要收下來,因為雖然是免費的,但我真的不知道該不該收下來,大家都怎麼做呢?
～～～～～～～～～～～～～～～～～～～～～～～～～～～～～～～～～～～～～～

　　ABARA:「我不會收。」
　　佳代:「我家的話,我是不會收,但我媽會收一堆回來(苦笑)。」
　　KORO:「我覺得拿免費的過意不去,所以我都不會收。」
　　沒想到一包面紙也有這麼多種看法。

## 尋找免費的東西

　　這次就讓我們從免費的面紙思考其他的問題。

貓貓經濟大師 ～～～～～～～～～～～～～～～～～～～～～～～～～～～～～～
　　面紙都是免費的,也就是沒有標價,那麼請大家盡可能列出一些與面紙一樣,免費的東西,有標價與沒標價的東西。
～～～～～～～～～～～～～～～～～～～～～～～～～～～～～～～～～～～～～～

　　沒過多久，就有三個人投稿。

Nakatti

　　找到了，一個是常塞在我家郵箱或夾在報紙裡面的傳單，其他就是超市的試吃飯、各種小冊子，或是車站、高速公路休息站的地圖，在車站前面派發的號外。

MINOMUSHI

　　其他還有很多喲，例如放在書店櫃台旁邊的可愛（？）書籤。有時候收到的不是面紙，而是檔案夾喲。

NATSUKO

　　日本民間放送聯盟的頻道也不用付費喲，因為沒有標價。雖然不用收費，但有收贊助費作為節目製作費用。產品的售價當然都會加上廣告費。

## 有很多免費的東西

　　傳單、小冊子、地圖、號外、書籤、民放的頻道費、免費的軟體……大家都列出了很多，這些免費的東西似乎可以分類成下列這幾種：

①不需要標價的事物或是本來就沒有標價的事物。

②標價為「免費」的事物。

③其實有價格,但看起來沒標價(免費)的事物。

④不是不能標價,但其實不該標價的事物。

接著讓我們根據上述的分類,再列出一些免費的事物吧,話說回來,這個世界不再有標價這回事,說不定就能了解價格的本質。

### 原子小金剛

沒有標價的事物之一就是媽媽做的家事(我家有時是爸爸做)。不過,若要請人來煮飯或打掃,通常都很貴,所以我一直都覺得很奇怪。其他像是生命、愛、信賴、誠意,如果這些東西標了價,好像怪怪的,而且人際關係會變得很疏遠,所以我也不想在這種東西標價。

### 如同影子工作般的家事

媽媽(或爸爸)做的家事的確是免費的。如果從上述的分類來看,家事應該屬於「③其實有價格,但看起來沒標價(免費)的事物。」如果媽媽生了病,全家都得外食的話,恐怕得花不少錢。如果衣服送洗的話,也得花很多錢。其他

像是帶小孩、照顧老人家也都是很貴的工作，而這些事情都
是由媽媽免費在做。

　　不過在舊經濟企劃廳（現在的內閣府）估算之後，得出
大部分的家事都不是免費的結論。估算方法就是調查在家事
或其他免費勞動花了多少時間，再根據結果計算費用。這個
方法是不是似曾相識呢？沒錯，這就是利用機會成本的概念
評估家事值多少錢的方法。

　　就估算的結果而言，在日本做家事一年值410萬日圓
（1996年）。

　　伊凡伊里奇將這些被視為免費，但其實有其價值所在的
勞動稱為「影子工作」，而這種影子工作包含家事，以及義
工、通勤這類在市場之外的交易或是勞動。這類勞動的特色
在於可促進市場經濟，卻不在市場之內進行交換，所以不需
要支付費用，也才因此被視為免費，所以真的像是影子般的
勞動啊。如今這種影子工作的概念也擴張到未正常支付薪資
或報酬的勞動或活動，所以有時也被稱為「無酬工作」。


## 可以替生命標價？

　　原子小金剛的投稿後半段得到許多人的迴應，尤其在生
命的價格這部分，更是得到許多人的關注。在此為大家介紹
兩個人的意見。

guchio

在生命這個部分，我聽過窮人（？）會出售自己的器官，如果有人因此得救的話，這件事可以算是好事嗎？

yui

日本第一次從腦死的人摘取器官，進行移植手術的時候，我人還在日本。日本有器官捐贈移植協調團隊，這個團隊會揭露免費移植器官的資訊，但不是每個國家都有這麼健全的制度，有些國家會交易器官，也有所謂的器官買賣黑市，所以我覺得日本的方法算是比較公平吧。

## 器官值多少錢？

這個問題屬於「④不是不能標價，但其實不該標價的事物」的討論。

就常理而言，生命是無價的，替生命標價是很不道德的事，但有時候生命會有價錢。比方說，器官移植。

日本是於 1997 年制定了器官移植法，允許將腦死捐贈者的器官移植到其他患者身上的醫療行為，卻沒有替這類器官標價。

在器官移植資訊網之中，會依照患者需要器官的程度替

患者排訂接受移植的順序。捐贈者當然是基於善意捐贈的人，不會以提供器官作為賺錢的手段，而且也一定要經過捐贈者本身的同意才能捐贈器官。

話說回來，提供器官的人與希望接受移植手術的人完全不成比例，有時候希望接受移植手術的人，甚至寧可遠渡重洋，去這方面規定較為寬鬆的美國，這也就是在第一章學到的「稀少性」的狀態，所以日本在 2009 年修訂器官移植法之後，允許在家人的同意下進行移植，提供器官的人也不再有年齡限制，企圖藉此改善稀少性的問題。

反觀美國就嘗試替移植的器官標價與移植。所謂的標價就是維持生命的各種器官是有價錢的。

在這種有錢就有可能等到器官的情況下，偶爾會傳出因器官不足，而於黑市買賣器官的新聞，有時也會聽到開發中國家的小孩被綁架，然後將摘出的器官賣到黑市交易的新聞。

## 如果生命有價的話

到底生命值多少錢呢？

答案的提示之一就是人壽保險。人壽保險是在受傷或死亡之際理賠醫療費或生活費的保險，所以如果投保一億日圓的人壽保險，生命的價格大概就值一億日圓。

同理可證，交通意外這類損害賠償也能用來推算生命的

價值。此時會利用先前推算家事值多少價值的機會成本推算「利潤損失」，也就是如果還活著，應該可以得到多少利潤的意思，而這也算是生命的價值之一。

這種推算與道德無關，只是單純地算出生命值多少錢而已。

## 空氣的價格

剛剛的話題有點嚴肅，讓我們繼續尋找其他有標價與沒標價的事物吧。

### 良子

空氣或景色的價格能夠估算嗎？

我看到這個問題之後，開始煩惱垃圾的問題。以現況而言，垃圾都只是回收而已，但其實地方政府或垃圾處理業者都花了不少錢處理垃圾，所以垃圾的處理其實也有價錢。

雖然空氣或景色是第一次討論的話題，但的確沒有標價對吧。像空氣這種不具稀少性，供給遠超過需求的東西稱為「自由財」。

話說回來，空氣雖然是自由財，但是去到太空的話，就有可能是非常稀有的資源，乾淨的空氣當然也有可能具有稀

少性，如此一來，就有可能標價，而這種有標價的東西稱為
「經濟財」。自由財成為經濟財的例子之一就是「水」。在
以前，日本的水都被認為是免費的，但現在已經是買瓶裝水
的時代了。

## 垃圾的價格

另一個題目的「垃圾」又如何呢？

其實現在許多地方的垃圾處理都是有價的，所以之後應
該也不會是免費的，但是為什麼處理垃圾這件事看起來會是
免費的呢？

其中可能有兩個理由。第一個是垃圾量不多的話，就能
免費處理。一如「付諸水流」這句話，如果能夠找到地方放
置垃圾，而且垃圾量也不多的話，垃圾處理就可能是免費的，
只是現況當然不是如此，因為垃圾的量與質都產生了莫大的
變化，所以垃圾處理當然要花錢（成本），絕對不可能是免
費的。

另一個理由就是處理垃圾的費用由稅金支付，不是由丟
垃圾的人直接支付。各行政區的地方政府就是如此處理垃圾，
屬於③其實有價格，但看起來沒標價（免費）的事物。

垃圾處理屬於不在市場進行交易的活動，而這種活動對
社會造成影響的現象稱為「外部性」，如果這種影響屬於正

面的，就稱為「外部經濟」，如果是負面影響，就會稱為「外部不經濟」（外部成本）。外部性這個字眼聽起來有點難懂，但其實就是沒有標價，但卻實需要成本的意思。

　　垃圾就是外部不經濟的典型。人類不管是進行任何活動，都一定會製造垃圾，但是人類卻不想花錢（成本）處理垃圾，企業也會因為處理垃圾賺不了半毛錢而不願處理垃圾，但這麼一來，就會造成公害，所以從經濟的角度來看，垃圾不是免費的，而且還要一一標價，再由製造垃圾的人依照標價，負擔處理垃圾的費用。

## 這個教室是免費的

　　最後還有這樣的投稿：

HSN

**還有免費的東西，那就是參加這個教室的費用。**

　　不管是這個教室的學舍管理人還是老師，大家都對這篇文章很感動。這個教室的課程的確是免費提供的，因為在這個教室上課是不需要額外付費的。

　　不過，經營這個教室當然要花錢，例如維護伺服器就是一筆費用，不過這個教室算是實驗性質的東西，所以能夠申

請到研究費，而且老師都是不支薪的志工，然而這個教室居然能夠如此正常地運作，如果這不算是奇蹟，什麼才算是奇蹟呢？

我們該如何評估這類志工活動呢？如果換算成錢，又該收多少費用呢？有機會的話，再跟大家聊著該怎麼做才能繼續經營下去吧。其中似乎有一些非常值得討論的話題。

**【這次學到的概念】**

影子工作、無酬工作、利潤損失、自由財、經濟財、外部經濟、外部不經濟

**【總結】**

① 免費的事物可分類成沒標價的事物、號稱免費的事物，看起來像免費的事物，以及不該標價的事物。

② 做家事其實不是免費的，但在家庭之中，這些事看起來是免費的，這類勞動稱為影子工作。

③ 連生命、器官這些不該標價的東西，也莫名標了價錢。

④ 垃圾、空氣、風景也有價錢。這些事物之所以看起來像免費的，只是因為這些事物未於市場交易而已，一旦變得稀有，就會有行情。

【複習題】

① 請判斷下列的文章何者正確，何者錯誤。

（　　）這世上沒有免費的事物。

（　　）當必須標價的東西沒有標價，就有可能出現黑市
　　　　交易的問題。

（　　）空氣這種供給量遠高於需求量的事物稱為自由財。

（　　）垃圾的標價通常是負的。

② 請試著思考下列的問題。

1. 除了家事之外，還有哪些勞動算是影子工作或無酬工
作？請盡可能多舉一些例子。

2. 你是否贊成替生命標價？還是你持反對意見？請試著以
器官移植的例子思考這個問題。

3. 如果要以經濟的方式解決垃圾問題，那麼該怎麼做才
對？請思考垃圾的價錢，試著從中整理出頭緒。

4. 請思考「志工活動是否應該標價」這個問題。

## 第五章

# 產地價格並不便宜？
## 套利

## 特產品的價格

　　這節課從剛從老家回來的夏樹講述自己的故鄉多麼美好開始。

夏樹

　　奶奶的家在福島縣，是一個充滿大自然的地方，每次回去都覺得很舒服喲！每到秋天就看得到漂亮的紅葉，到了春天還能看到盛開的櫻花，夏天的話……說不上來，但冬天可是會下很多雪喲，當陽光照在樹上的積雪時，這些雪都會變得晶瑩剔透，讓人一看就覺得好幸福啊！

　　福島縣也有很多好吃的東西喲，比方說桃子、薄皮甜饅頭，核桃糕也超好吃的喲（明明才念國一，喜歡的東西卻是和果子？）蘋果雖然也很好吃，但比不上青森就是了……。

　　原來如此，福島縣的特產品是桃子啊，我光是讀完夏樹的報告，口水就已經流個不停了。由於 e-教室是線上課程，所以學生都是來自日本各地，有時候甚至會有外國的學生。不知道其他地區都有哪些特產品呢？

小叮噹

　　我住在仙台附近的小鎮，這個小鎮可是很有朝氣的喲。

如果提到仙台的名產，大部分的人都會想到牛舌、牡蠣或是竹葉魚板，但明明是在地名產，卻一點都不便宜啊（牛舌店很多）。順帶一提，大部分的牛舌店都是賣已經煎好的牛舌，與燒肉店的做法完全不同。牛舌定食的話，大部分的店家都是提供牛舌、麥飯與湯品的套餐。

竹葉魚板也因為是名產，所以有很多店家在賣。此外，氣仙沼產的魚翅的收穫量是日本第一。牡鹿半島的秋刀魚也很有名。其他像是白石的溫麵、亘理的草莓、松島一帶的海苔也都是名產。

小叮噹也列出了很多難得一見的特產品。不過，他的文章之中，有一點讓人很在意，那就是「明明是在地名產，卻一點都不便宜」這件事。不知道福島的桃子又怎麼樣？福島當地有很多桃子，所以非常便宜。如果五個一堆只要 300 日圓，倒是可以考慮移居福島，但不知道實際的情況如何。

夏樹

我問到桃子的價格囉！一顆桃子大概要 300～400 日圓。由於福島的桃子的品質很棒，所以才比較貴一點吧。

不過，福島的桃子的確比東京的桃子更紅、更甜，味道更自然呢。

　　同一時期，我在東京的超市、百貨公司以及街上的水果店觀察之後，發現雖然品種各有不同，但桃子的價錢大概是一顆 200 ～ 300 日圓左右。如果被大型超市當成促銷商品的話，一顆桃子的價錢甚至可以壓低到 150 日圓左右。

## 為什麼價格會一樣？

　　第四章提到，價錢，也就是價格是由「需求」與「供給」的平衡決定的。東京雖然不是桃子的產地，卻有許多想買桃子的消費者，所以是非常大的消費地區。另一方面，桃子產地的福島當然沒有東京那麼多的消費者，所以我覺得東京的桃子會貴一點，福島的桃子會便宜一點。為什麼福島與東京的桃子會幾乎是「一樣的價錢」，仙台與東京的牛舌也幾乎是一樣的價格呢？ fields 給了一份有趣的報告，所以就讓我們從這份報告開始討論吧。

### fields

　　非洲有一個稱為索馬利亞的國家，長年以來，飽受內戰所苦，但北部地區宣佈獨立，自稱「索馬利蘭共和國」之後，就得到局部的和平。

　　聽說面海的索馬利蘭共和國能捕到許多鯊魚，但是索馬利蘭的人們沒有吃鯊魚鰭（魚翅）的習慣，所以都把鯊魚鰭

丟掉。換言之，魚翅在索馬利蘭是免費的。

假設你是貿易公司的老闆，你會如何利用這個商機呢？

沒過多久，小叮噹就從名產是魚翅的仙台回覆這個問題了。

小叮噹

如果我是老闆的話，當然會先進口一定的量，再讓部下多跑幾次業務，確認銷售量以及確定真的能獲利之後，就簽約買下所有的魚翅，進口到日本銷售（這是及早買下壟斷貨源的作戰方式，但有時候可能得視情況減少採購量）。

接著在全國的門市以國產魚翅的半價出售這些魚翅。如此一來，一般人就更有機會吃而魚翅，公司的知名度與收入會上升，想加盟一起賣的業者也會增加，索馬利蘭的人也能從他們視為垃圾的魚翅賺到錢，參加宴會的人也能盡情地享受魚翅（事情應該不會這麼順利就是了……）。如果銷路真的很好，說不定還能出口魚翅。

原來如此，「能否獲利」是關鍵對吧。小叮噹採取的是先進口少量的魚翅，觀察消費者反應的作戰方式。如果作戰順利，就與當地捕抓鯊魚的漁夫契約，或是在當地建造加工

魚翅的工廠，在當地招募工廠作業員，然後以海運的方式將魚翅運到日本。一如小叮噹所說的，魚翅在索馬利蘭被視為「垃圾」，所以一開始能用便宜的價格請漁夫將魚翅讓給自己。

不過，當小叮噹的貿易公司將索馬利蘭產的魚翅大量進口至日本之後，又會發生什麼結果呢。剛剛小叮噹提到，他會以國產魚翅的半價出售這些進口的魚翅。假設索馬利蘭的魚翅與日本市面上的魚翅具有相同的品質，應該會有大量的消費者指名要購買「小叮噹牌」的魚翅才對，這麼一來，小叮噹貿易公司就有可能如小叮噹所預測的生意興隆……。

## 何謂套利？

接下來說個題外話。大家聽過江戶時代的鉅賈紀國屋文左衛門這個人嗎？紀州就是現在的和歌山縣一帶，從江戶時代開始，就因為氣候溫暖而盛產柑橘。紀州的柑橘通常會經由下津的港口載往大型消費地區出售。不過，當時的海運技術不夠發達，航線常因風浪而中斷，紀州當地也不得不因此停止出貨，導致柑橘在當地的價格一落千丈，但是在江戶這些大型消費地區的價格了是一路飆漲。

這時候敢冒著沉船風險，走海路將柑橘運到江戶，而大撈一筆的就是紀國屋文左衛門。看來江戶時代也有與小叮噹

一樣，勇敢抓住商機的商人啊。

　　這種在便宜的地區收購，在昂貴的地區出售，賺取中間差價的行為稱為「低買高賣」或是「套利」。

　　這個套利藏著解開桃子或牛舌的價格祕密的關鍵，所以就讓我們先以簡單的例子了解套利與價格之間的關係吧。

## 套利的結果

　　假設小鎮 A 與小鎮 B 是彼此相鄰的小鎮，而小鎮 A 的桃子只賣 200 日圓，小鎮 B 的桃子卻賣到 1000 日圓，而且兩邊的桃子是完全一樣的東西。這時候大家能夠想像接下來會發生什麼事情嗎？

　　由於兩鎮彼此相鄰，所以小鎮 B 的大叔或是大嬸，一定立刻就知道小鎮 A 的桃子只賣 200 日圓這件事，也一定會有很多人特地前往小鎮 A 買便宜的桃子，小鎮 B 的店就會落得門可羅雀，沒人來買桃子的地步。這時候，小鎮 B 的水果店就不得不降價求售，小鎮 A 的某些水果店則會因為生意興隆，以及有許多客人從小鎮 B 過來買水果而稍微調高價錢！

　　最終，小鎮 A 與小鎮 B 的桃子都會變得比一開始的價錢還便宜。

　　產生變化的不只是買桃子的消費者，應該也會有人與小叮噹一樣，在小鎮 A 買桃子，在小鎮 B 賣桃子的人出現。其

實只要稍微動點腦筋，在小鎮 A 以 200 日圓購入桃子，再到小鎮 B 以 1000 日圓出售，平均每顆桃子就能賺到 800 日圓，而這就是不折不扣的「套利」。

就實際情況而言，即使大家都從小鎮 A 運來一大堆桃子，卻都以水果店的 1000 日圓出售的話，應該是不會有人上門購買才對，因為許多人會覺得水果店或超市賣的桃子比較沒問

題，所以這時候應該要把售價調得比 1000 日圓便宜一點，但現在先不考慮這些問題，只先以「只要是相同的桃子，就能以水果店的價格售出」這個前提思考後續的發展。

如果有許多人都這樣套利，小鎮 A 與小鎮 B 的桃子一定會在價格出現明顯的波動，因為許多人會在小鎮 A 收購大量的桃子，以及在小鎮 B 大量出售。一如第四章所述，這就是小鎮 A 的需求增加，小鎮 B 的供給也增加的意思，這麼一來，小鎮 A 的桃子就會變貴，小鎮 B 的桃子就會變得便宜，兩地的桃子在售價上也會愈來愈接近。

那麼這種價格的變化會在何時畫上休止符呢？讓我們進一步了解套利這回事吧。就算雙方的價格不像 200 日圓與 1000 日圓的差距這麼大，只要還有一定的差價，商人就能從中套利。由於此時完全不考慮物流的費用，所以就算一邊賣 500 日圓，另一邊賣 501 日圓，每顆桃子也還是能賺到 1 日圓的利潤，所以只要兩邊的桃子還有價差，套利就不會結束。當兩邊的桃子沒有價差，就無法繼續套利，也就不需要特地去鄰鎮買桃子了。

換句話說，套利的效果就是讓兩鎮的桃子變成相同價錢，而且當兩邊的價錢相同，就沒辦法再利用「差價」獲利，也就不會再有人套利。如果物流需要花錢的話，兩鎮的價差只會越縮越小，但不會完全一致。

## 歷史之中的套利

在前述的討論之中，我們將兩鎮的桃子設定為一樣的品質，也不考慮運輸成本，但以現代而言，運輸技術與冷藏技術都已經有了長足的進步，也有不少適合長途運輸的品種出現，運輸成本也大幅下降，所以能在都市裡的超市以相同的價格買到品質與產地相同的商品。

在運輸技術與冷藏技術還不發達的時候，上述的情況就不可能實現。綜觀人類歷史就會發現每個時代都有許多商人都透過「套利」的方式賺取暴利，例如早期在地中海活躍的腓尼基商人、走出絲路的商人，以及在近代利用連結亞洲與歐洲的航路做生意的東印度公司都是其中一例。

令人玩味的是，在這些人登場之前，運輸方式都產生了變化。絲路這條運送物資的路線催生了將中國的物資運往歐洲的商人。無法再於歐洲一帶套利之後，歐洲人為了尋求開闢另一片新天地，創造更高的利潤而發明了羅盤，也改良了造船技術，於是發現了航行地球一圈的航路以及美洲大陸，也因此創造了另一波的套利熱潮。東印度公司與其他的貿易公司在當時非常活躍，也為歐洲創造了莫大的財富。進入十九世紀後半之後，蘇伊士運河與巴拿馬運河接連開通，物資的運送也因此加速發展。

從「套利」的觀點爬梳人類歷史，也是件很有趣的事情

吧。

## 價格不一致的情況

　　現代的運輸、冷藏技術已經非常發達，物資流通也變得快速單純，但價差不一定會因為套利而縮小。其中之一的理由就是運輸成本比商品本身的售價還貴（必須賣出一定的量才划算），運到大型消費地區也不見得能賺錢的商品。另一個理由是現代的物流技術雖然發達，但有些商品很難在運到大型消費地區之後，保有原產地等級的美味。

　　若問前者有哪些商品，可以想想看在日本捕撈的魚類。一如鯛魚、鮪魚、鮭魚、比目魚，有些魚很常在鮮魚店出現，有些魚卻是難得一見。比方說，高知縣的金錢仔、廣島的青花魚、沖繩的四點似青鱗魚，幾乎都是在當地消費的小魚，很難在其他縣市看到。這些魚的單價之所以便宜，是因為載運到大型消費地區也不見得能夠賺錢。換句話說，這類魚的運輸成本比魚本身的單價高很多，運到大型消費地區也無法套利。

　　若問後者有哪些商品，那就是不適合運輸或貯藏的水果或類似的商品，比方說，荔枝就是其中一種。荔枝是唐玄宗愛妃楊貴妃最喜歡的水果，在現代的話，最高級的荔枝一顆甚至可賣出數百萬日圓的價錢，但是生鮮的荔枝很脆弱，無

法久藏，所以只能做成冷凍荔枝，才能大量流通。可惜的是，冷凍荔枝的味道與產地的生鮮荔枝不同，所以也不可能一顆賣幾百萬日圓。由此可知，就算都是荔枝，在這種情況下也難以套利，價格也不可能趨於一致。

　　生鮮的吻仔魚、當令的櫻花蝦也都是得在產地品嘗的特產品。夏樹曾說，只有在產地才能吃到真正好吃的東西，這句話似乎在運輸技術、貯存技術發達的現代依舊成立，所以旅行或是返鄉才這麼有趣吧。

## 【這次學到的概念】

　　低買高賣、套利、價差

## 【總結】

① 從便宜的地方收購，再抬價賣出的行為稱為低買高賣或是套利。

② 雖然每個人都能透過低買高賣套利，但只要大家都發現這個商機，就無法持續套利。

③ 價格會在價差消失的時候停止變動。

④ 價差只會在商品或服務的品質相同時消失，品質不同的商品或服務之間會一直存在著價差。

## 【複習題】

① 請判斷下列的文章何者正確，何者錯誤。

（　　　）產地的價格只比大型消費地區便宜了運輸費用的
　　　　　部分。

（　　　）產地與消費地區的價差總有一天會歸零。

（　　　）不管是哪種商品，最終都會趨近某個價格。

（　　　）只有品質相同的商品才會因為套利而不再有價差。

② 請思考下列的問題。

1. 請列出你的居住地區有哪些特產品，再調查這些特產品
在產地以及在東京或大阪這些大型消費地區的售價。

2. 請思考看看，該怎麼做才能讓索馬利蘭的魚翅一直賣下
去。

3. 請試著從日常生活找出因為套利而價差消失的新聞。

4. 如果有人告訴你「有門生意一定會賺錢」，你會怎麼回
答呢？

## 第六章

# 勇者一定要有的道具是？
## 貨幣

狗狗老師昨天似乎打電動打到很晚，才會說了角色扮演遊戲的角色才會說的台詞。

## 狗狗經濟大師

好的，今天要出道奇怪的考題考考大家！

勇者身上有一件道具，把它給了村民之後，村民都超開心的，而且只要勇者身上有這件道具，大家都願意拿麵包或是牛奶交換。某天，勇者去鄰國旅行的時候，想以這件道具交換麵包，沒想到沒有人願意跟他交換，而且就算要把這件道具送給該國村民，也沒有人因此開心，這讓勇者非常困惑。請問，勇者身上的這件道具到底是什麼呢？

沒兩下就有人投稿回應了。

## MIUMIU

我覺得「那個道具」是預防傳染病的「藥草」。這個藥草只有 B 國生產，而且沒辦法大量採集，所以 A 國的村民都樂於以麵包交換。勇者去的國家是隔壁的 B 國，但該國的村民已經都有這種藥草，所以覺得這個藥草不值得拿麵包交換。接下來這些是我想到的藥草的特徵。

A 對所有人都有（暫時性）的價值。

**B 無法個人生產。**

原來如此，藥草也是很有趣的例子，尤其是「對所有人都有（暫時性）的價值」這點很重要。

chimako

我覺得勇者手上的那件道具是新手村的錢（貨幣）。新手村的錢與鄰國的錢不一樣，所以沒辦法使用。

的確，在漫畫《小叮噹》之中，也曾經出現過搭乘時光機回到過去，想以現代的錢支付，卻被店家說「這不是錢吧？」而拒絕的場景。

「錢」這個答案出現了。沒錯，錢的確具有這個問題所描述的性質（大家不妨想像一下出國旅行的情況），所以錢這個答案已經快算是正確答案了，不過讓我們進一步想想，這裡說的「錢」到底是什麼東西。

大家眼中的「錢」應該是能與任何人交換商品的萬能道具對吧？所以「錢」的確是「對所有人都有（暫時性）的價值」的東西，而且每個人都想要它，這也是為什麼黃金與寶石常常被當成錢使用的理由。同理可證，MIUMIU 提出的藥草若是藥效奇佳的藥草，也一樣能當成錢使用。

**萬丸**

大家好，我是對經濟一竅不通的萬丸。我想了解的經濟知識就是「錢」。

比方說，為什麼那麼薄的紙鈔可以買東西呢？平常不會特別深究這個問題，但仔細一想，還真是讓人沒來由地覺得不安。

的確，大家手中的錢，也就是紙鈔，通常都只是薄薄的一張紙。

**原子小金剛**

我覺得「為什麼那麼薄的紙鈔可以買東西」這個問題的答案是因為「有信用」的關係。

但我不知道「信用」到底是什麼。

這裡說的「信用」到底是什麼呢？我們平常使用的錢（貨幣）到底有什麼信用可言呢？

**MIUMIU**

我從另一個角度思考了金錢的價值。

例如米與麵包也可以是錢。比方說，家裡賣米的米子

在某天早上突然想吃麵包，那麼米子該怎麼做，才能得到麵包呢？沒有人可以決定麵包與米哪邊比較好（這不是廢話嗎？）。雖然米不等於麵包，但米等於錢，錢也等於麵包，所以米子才能換到想吃的麵包。

為什麼發掘錢的價值會是問題呢？錢是介於麵包與白米之間的東西，既不能吃，也沒什麼用處，所以才能扮演剛剛提到的角色。

意思是，錢剛好具有成為這類抽象的中介物質的迷人特質囉⋯⋯。

迷人特質！這種形容真是有趣啊。薄薄的一張紙之所以能當成錢使用，以及錢之所以值得信賴，似乎都與這個迷人的特徵有關。

萬丸

說不定這裡說的「迷人特質」就是關鍵。

總歸一句話，這與大家願意接受或是信任的對價有關係對吧。不過我覺得，這裡說的信用與後續一連串的交換有關，會在一次又一次的交換過程中，不斷地遞延下去。

## 作為交換媒介的貨幣

　　讓我們進一步思考 MIUMIU 提到的例子，也就是白米與麵包交換的例子吧。當米店老闆想吃麵包的時候，去麵包店跟店員說「我要用白米交換麵包」可說是最快得到麵包的方法，如果這時候麵包店老闆也剛好想吃白米，那麼這項交換就會成立，結果也皆大歡喜。

　　不過，事情通常沒有想像得那麼簡單，因為麵包店老闆不會每次都那麼剛好想吃飯，因此米店老闆應該要先將白米換成麵包店老闆想要的「某個東西」。

　　可是米店老闆不知道麵包店老闆想要什麼，所以只好將

白米換成大多數的人都想要的東西，或是多數人都覺得有價值的東西，而這個「大多數的人都願意交換的東西」就是所謂的錢（說得艱深一點的話，就是所謂的「貨幣」）。第一步就是要先用白米換到錢，之後再拿著錢去麵包店換麵包。

這裡的重點在於錢最好是大多數的人都願意交換的東西這點。米店老闆想要麵包，所以對米店老闆來說，以白米換到的金錢有多少價值並不重要，重要的是麵包店老闆喜不喜歡而已，所以只要麵包店老闆願意拿麵包換錢，錢就發揮了應有的價值。這也是為什麼黃金、寶石這些大家都想要的東西會在一開始被當成錢使用的原因。

不過，當這個世界開始把黃金當成錢使用之後，大家便發現將黃金或白銀當成錢使用有多麼不方便，因為黃金或白銀很重，很不方便隨身攜帶，而為了讓黃金能夠直接移動，所以才換成「能交換黃金」的紙張。比方說，當國王宣佈「只要拿著這張紙來，隨時都可以換到一盎斯黃金」，就不需要帶著黃金去麵包店，只需要帶著這張紙去麵包店，麵包店老闆也願意拿麵包交換。

這就是「兌換紙幣」的起源。再怎麼說，紙總是比黃金輕得多，當然也比較方便隨身攜帶。

## 不兌換紙幣的起源

其實就算這類可當成金錢使用的紙幣開始流通，也不代表大家都能將紙幣換金黃金，因為大部分的人都想要黃金，但不是每個人手上都有這種保證能與黃金交換的紙張，也就是所謂的紙幣，只是為了方便白米與麵包的交換，才暫時持有黃金或是紙幣，此時的黃金或是紙幣就是所謂的「交換媒介」。雖然有些人是因為想要黃金才持有這類紙幣，但大多數的人都只是將紙幣當成交換媒介而暫時持有。

由此可知，「錢能與黃金交換！」的保證並不重要。一如開頭提及的，錢最重要的特質在於「大部分的人願意交換」這點，只要能拿著紙與身邊的人換到想要的東西，那麼就算這些紙只是不能換到黃金的紙張也沒關係，只要能換到白米就好。換言之，只要大家都覺得「能與身邊的人換到需要的東西」，能夠換到白米、麵包或是肉，那麼這些紙幣到底能不能換到黃金就不那麼重要，而且才會流通。

其實現在大家都不太會以黃金交換現行流通的紙幣，而這種紙幣與「兌換紙幣」不同，被稱為「不兌換紙幣」。原來薄薄的一張紙會變成流通的錢幣是這麼來的啊。讓我們針對這點進一步說明吧。

## 不兌換紙幣與信用

　　米店老闆將手上的白米換成薄薄的一張紙了。是因為這薄薄的一張紙能夠與黃金交換嗎？其實不然，是因為米店老闆覺得「這張紙能與麵包店老闆換到麵包」，所以才願意將白米換成紙。對米店老闆而言，這張紙到底能不能換成黃金，一點也不重要。

　　那麼麵包店老闆為什麼願意拿麵包換得這薄薄的一張紙呢？那是因為這張紙能與其他人（例如肉店老闆）換到其他東西（比方說牛肉）。換句話說，就算只是薄薄的一張紙（或是完全不具任何價值的東西），只要大家都覺得這張紙能與別人換到自己想要的東西，那麼這張紙就會成為「大多數的人都願意交換的東西」，也就能當成錢幣流通。

　　換句話說，就是因為自己身邊的人或是交易對象相信這張紙能換到需要的東西，也就是具備所謂的「信用」，所以就算只是不起眼的紙張，也能當成貨幣流通。這種「信用」不是來自國王或國家保證能與黃金或寶石交換這點，大家也不是因為最終能換成黃金才相信這些紙幣。不兌換紙幣就是具有大家認為它會流通才流通的奇妙特性，而這就是MIUMIU與萬丸口中所說的「迷人特質」。

## 與泡沫經濟相似

其實這種不具任何價值的紙張能成為媒介流通這點，與我們知道的泡沫經濟非常類似。在過去那個景氣不斷上揚的泡沫經濟時代裡，連位於懸崖附近，絕對無法蓋房子的土地也曾被炒到天價。之所以會發生這種現象，是因為那些購買土地的人都覺得，就算是不能蓋房子的土地，也一定能加價賣給下個接手的人，換句話說，就算是沒什麼價值的東西，只要身邊的人都願意購買（交換），就能以高價流通。

這與「大家覺得會流通才流通，以及本身沒有價值的紙幣能換到奢侈品」的性質非常相似，而且除了紙幣的這種性質之外，箇中邏輯也非常相似。沒錯，金錢本身就是一種泡沫啊……。

## 流通範圍

貨幣的流通範圍與大家覺得「身邊有多少人願意交換」有著絕對的關係。在開頭的謎題之中提到，去到鄰國之後，沒有人願意交換這件事，但即使在現代，將日本的紙幣拿到澳洲的店家使用，大部分的店家也不會接受。相反地在日本拿出外國貨幣的話，大部分的人都會露出困惑的表情吧。就常理而言，該國的貨幣只在該國流通，不會在其他國家流通。

之所以會是如此，與國王或政府的命令無關。嚴格來說，其實政府還是會有一些限制，例如各國的稅金只能以各國的貨幣繳納。會如此限制的理由有很多，例如以自國貨幣繳納稅金會比較方便就是其中之一，但另一個重點則是，大家都覺得「只有在這個國家才會有人願意進行交換」，於是在這個國家之內，就是這個貨幣的流通範圍。

其實有些國家會大量使用美國的美元，而這是因為雖然這些國家不是美國，但大部分的人都覺得「身邊的人願意拿美元紙鈔換東西」，由此可知，貨幣的流通範圍不一定與國境一致。

## 通膨的可能性

**MIUMIU**

在「藥草」的比喻之中，有個值得探討的問題，那就是藥草是一種植物，無法人為操縱數量這點。一旦過度採收，很有可能會出現供過於求，價格崩落的問題，每一年的價值也有可能大幅變動。

一旦藥草的價值不斷浮動，就無法當成金錢使用！這還真是一針見血的意見啊！

就算大家都願意用錢交換東西，一旦錢過於氾濫，或是

過於流通，錢就顯得毫無價值可言，能換到的東西也有可能愈來愈少。比方說，一開始能換到五公斤的白米，但是當錢愈來愈貶值，很有可能最後只能換到兩公斤的白米。

若以白話文重新詮釋上述這個情況，那就原本一張一千元的紙鈔就能換到五公斤的白米，但是當物價上漲，一張一千元就只能買到兩公斤的白米。假設一大堆錢突然湧入市場，就會發生這類情況。當錢的稀有性或價值愈來愈低，東西就會愈來愈貴，也就是「物價」愈來愈高的意思，而這種錢愈來愈值，物價愈來愈貴的現象稱為「通膨」或是「通貨膨脹」。

假設出現通膨，或是出現 MIUMIU 提到的金錢的價值大幅變動的情況，市場就會遇到大麻煩，這是因為原以為可以換到五公斤白米才把錢收進口袋，沒想到過了一陣子，錢的價值居然大幅貶值，變得只能換到兩公斤。一旦發生這種問題，大家就會開始思考「把東西換成錢，真的沒問題嗎？」，一旦這個問題越演越烈，最後有可能會發生只能換到一粒米的情況，此時就算錢還能換到東西，也代表大家已經不再信任這個貨幣了。

話說回來，貓貓老師在最後出了以下這道問題：

貓貓經濟大師

看來關於錢的疑惑還有很多。比方說，假鈔就是問題之一。如果有人做假藥草，會發生什麼事情？

fields

其實很久以前我就想問這個問題了，因為我覺得，如果能做出天衣無縫的假鈔，應該就不會有人因為假鈔而受害了。既然沒有受害人，為什麼製造假鈔違法呢？

其實沒有假鈔能夠做到天衣無縫的地步，所以收下假鈔的人會因此蒙受巨大損失喲。不過，假鈔的問題還不只如此。一旦在市面上流通的紙鈔超出預期，紙鈔的信用就有可能受損，也會因此貶值。為了避免這類情況發生，「中央銀行」通常會嚴格管理貨幣的發行量，避免貨幣的價值大幅波動或是貶值。簡單來說，如果市面上有大量的假鈔流通，中央銀行管理發行量的措施就會失效，所以才要以嚴刑峻法禁止製造假鈔的行為喲。

## 【這次學到的概念】

換貨幣、不兌換貨幣、信用、泡沫、通膨、中央銀行

【總結】

① 如果是每個人都覺得有價值的東西，就能當成錢使用。

② 作為交換媒介的金錢就像是一種魔法道具，能輕易地解決以物易物的麻煩。

③ 錢之所以為錢，在於大家都把錢當成錢，而且把錢當成錢使用，一旦大家不再信任錢，錢就不再是錢。

④ 中央銀行為了維持大家對錢的信任，會嚴格控管貨幣的發行量。

【複習題】

① 請判斷下列的文章何者正確，何者錯誤。

（　　）不是「黃金」就不能稱為錢。

（　　）金錢只有讓交換變得更容易的功能。

（　　）錢之所以是錢，在於其背後的信用。

（　　）貨幣貶值，物價上漲的現象稱為通膨。

② 請思考下列的問題。

1. 請盡可能列出曾當成貨幣使用的東西。

2. 當貨幣失去信用，會發生什麼事？請試著舉出歷史上的知名事件。

3. 請試著說明擁有紙鈔這件事為什麼與經濟泡沫很像。

4. 如果市面充斥著能夠以假亂真的假鈔，經濟會受到什麼
影響（就法律層面而言，當然會被重罰）。

## 第七章

# 零用錢問卷
# 所得與財政

看來經濟課也漸入佳境了。雖然慢慢了解經濟是怎麼一回事，也越學越覺得有趣，但整個腦代也愈來愈燙，所以這次就從比較輕鬆的零用錢普查開始。沒想到，這個零用錢普查居然也是一大題目。


## 零用錢問卷

**貓貓經濟大師**

這次要調查的是大家的經濟狀況。

①每個月有多少零用錢？

②這些零用錢花最多的是什麼？金額又是多少？

③如果零用錢不夠買想買的東西，你都怎麼做？

一下子就有五名學生投稿回答。在此為大家整理一些他們的答案。

| | |
|---|---|
| ① 0 元（有需要的時候才伸手要） | 二人 |
| 1 ～ 600 元 | 一人 |
| 700 元左右 | 一人 |
| 1 萬元 | 一人（高中生） |
| ② 文庫本 | 五人 |
| 文具 | 五人 |
| CD、遊戲、拉麵 | 各一人 |

精裝書　　　　　　　　　　　　　　　一人

③會存錢、將圖書禮券換成錢、賣掉遊戲、拿出壓歲錢

## 零用錢到底是什麼？

　　從收集到的資料來看，大家都很懂得規劃零用錢的開支。

　　零用錢可說是小孩子的生命線。就經濟的角度來看，零用錢可說是從監護人的所得轉換到小孩子手上的所得，所以大家的零用錢是多是少，與父母親或祖父母的經濟狀況有關。

　　一直以來，金融廣報中央委員會都會調查現代的日本小孩通常領多少零用錢。2019 年度的調查如下：

小學一、二年級　　984 日圓（每月）

小學五、六年級　　1161 日圓

國中生　　　　　　2510 日圓

這數字大致與本教室的學生一致。

## 會花掉的零用錢，會存起來的零用錢

　　e-教室的學生都很懂得規劃，有些學生甚至把大部分的零用錢都存起來，而且就算遇到不夠錢的時候，也很懂得忍

耐。如果是大人，有可能會想辦法借錢，但未成年的小孩，可就不能這麼做，所以只能想辦法籌錢。

Mizu：「我想存錢，買 N 規的鐵路模型，組一座東京車站的微縮模型」

ABARA：「我念高中的時候，很想買長笛，所以把所有的零用錢存起來，最後也用這些錢買了長笛嘍。」

原來如此，有想要買的東西時，就會像這樣一點一滴存錢，再整筆錢拿去買東西啊。

## 浪費是好事
貓貓經濟大師

大家還真是好孩子啊。不過，若一直存錢，都不買東西的話，日本的景氣豈不是會變得很糟糕？存錢當然是好事，但只入不出，「景氣」就會變差，這就是眾所周知的的「節儉的矛盾」，所以大家一起花錢買東西吧。這個理論真的沒錯嗎？

不能只會存錢？「節儉的矛盾」？貓貓老師突然說了很難懂的東西啊。

狗狗經濟大師：「很多人都會覺得，這世上哪有這種事

經濟新潮社

FACEBOOK

BLOG

暢銷30年策略經典
首度出版繁體中文版

# 時基競爭

COMPETING AGAINST TIME

How Time-Based Competition is Reshaping Global Markets

速度是競爭的本質，學會和時間賽跑，
你就是後疫情時代的大贏家！

蘋果執行長
提姆・庫克
推薦員工必讀

# 向編輯學思考：

## 激發自我才能、學習用新角度看世界，精準企畫的10種武器

作者｜安藤昭子　　譯者｜許郁文

定價｜450元

**博客來、誠品 5 月選書**

網路時代的創新，每一件都與「編輯」的概念有關。

所有需要拆解、重組或整合情報的人，必讀的一本書。

**你做了編輯，全世界的事你都可以做。**

**──詹宏志（作家）**

**有了編輯歷練，等同於修得「精準和美學」兩個學分，終身受益。**

**──蔡惠卿（上銀科技總經理）**

提到「編輯」，你想到什麼？或許你想到的，多半是和職業有關的技能。

事實上，編輯不是職稱，而是思考方式。

本書所指的編輯，是從新角度、新方法觀看世界和面對資訊與情報，藉此引

出每個人與生俱來的潛能。

本書作者安藤昭子師承日本著名的編輯教父松岡正剛，安藤將松岡傳授的編

輯手法，濃縮為10種編輯常用的思考法，以實例、練習和解說，幫助我們找

到學習觀看世界的新角度。

情，但事情就是這麼矛盾。要想了解箇中原理，就得站在店家的立場思考。假設大家都很節儉，都不願意買模型，模型店就賣不掉商品對吧。如果只是某個人不買，模型店還撐得過去，但如果大家都不買，模型店會遇到什麼危機呢？」

## 節儉的矛盾

要是大家都像狗狗老師所說的，害怕不景氣帶來的影響而不敢「消費」的話，會發生什麼結果？這似乎有點難想像。

讓我們以鐵路模型店老闆的立場思考看看吧。假設模型店的業績下滑，模型製造商的業績就會跟著下滑，這麼一來，模型店老闆就會變得很節省，模型製造商也會減少生產量，有時候甚至會被迫裁員。這些被裁的員工因為「所得」減少，所以被迫減少消費。提供模型製造商原料的製造商也會受到影響。簡單來說，就是會出現一連串的負面影響。

那些「被存起來」的錢又會如何？由於消費減少，所以儲蓄率就變高，銀行就必須想辦法將這些存款貸出去，可是當消費減少，模型店與模型製造商都減產，就不可能特地在這個時候借錢，擴大公司的規模，這時候就會出現錢太多的問題。

如此一來，景氣就會變得很糟。

為了未來的生活減少消費與努力存錢當然是值得讚許的行為，但就整體經濟來看，這或許會淪為作繭自縛的下場，而這就是所謂的「節儉的矛盾」。

節儉的矛盾

## 就算借錢，也要增加零用錢？

意思是，奢侈一點，亂花錢也沒關係囉？

每個人都可以想辦法花光零用錢的意思嗎？這讓人覺得

很「雀躍」耶，不過呢，事情怎麼可能那麼順利，因為零用錢（所得）是有限的，所以說，乾脆借錢不就好了？還是跟媽媽商量，多要點零用錢？仔細想想，報紙常報導的「國債」就是政府跟人民借錢對吧？所以我借錢也沒關係囉……。

　　好像會有人抱著這種想法耶，狗狗老師幫忙寫了注意事項。

　　狗狗經濟大師：「一個人增加支出，是沒辦法提振景氣的，所以別打著『我要讓景氣好轉』的口號而亂花錢，或是要求增加零用錢喲。也千萬別因此借錢。不過呢，的確有人認為，所有國民都借錢來增加支出可能比較好。這就是發行國債的原理，但這終究只是「假設性」的結論，也有人覺得為了增加支出而借錢很糟糕，所以兩派人馬正為了這點而爭論」。

　　之所以有人認為要增加「公共建設」來提振景氣，就是基於上述的假設，但其實在那段被譽為「平成不景氣」的十年（1991 年～ 2001 年）之間，日本在公共建設投入了總額超過 100 兆日圓的資金。

## 所以減稅比增加公共建設來得更好？

K

　　我稍微調查了一些公共建設的目的。目的之一是改善國民的生活，目的之二是讓景氣好轉，這也能與第一個目的相輔相成。

　　與其打著公共建設的名號，浪費稅金蓋蚊子館，我覺得減稅還比較能提升景氣。

　　除了公共建設之外，政府在經濟方面的作為，就是利用稅金讓國民的生活變得更富足，而這些措施就稱為「財政」。不過，要讓國民的生活變得富足可沒那麼簡單，因為政府得蓋一些大家都需要使用，卻賺不了錢的建設，而且還得煩惱該怎麼徵收稅金，比方說是該齊頭式平等地徵收，還是根據所得的多寡徵收。

　　景氣不好的時候，政府的確會如前述，寧可借錢也要建設，但當然有人會覺得景氣再好，也不能亂蓋一通，所以日本的法律規定，政府原則上不能借錢，若要發行國債，就必須先得到國會的允許不可，這算是阻止日本政府濫發國債的限制之一。

　　乾脆不要進行那些公共投資，直接「減稅」比較好。這建議聽起來似乎很有道理，所以讓我們稍微討論看看這個意

見吧。

　　如果真的減稅的話，會有什麼結果？必須利用家庭收入支付的稅金減少，所以可用於家計的部分增加了。如果大家把增加的這些錢都拿來消費，而不是存起來的話，的確與公共建設一樣能提振景氣。

　　不過，請大家停下腳步想一下。如果真的減稅，政府的收入就會減少。政府沒有錢，別說增加公共投資，恐怕能該做的事情都做不了，這時候政府就得借錢，也就是得發行國債，甚至日後還是得增稅。有些人認為，等到景氣恢復再增加稅收不就好了，但政府真能等到那個時候嗎？這可說是一場與時間賽跑的競賽。

　　的確，不管是公共建設還是減稅，都有提振景氣的效果，而且政府最終都有可能得發行國債，但如果選擇的是減稅，國民有可能都會把錢存起來，不願意拿出來消費，就無法真的刺激景氣。此外，不管是公共建設還是減稅，使用錢的方法都會改變未來，如果能興建一些有用的公共建設，這些建設說不定就能照顧我們的下一代，與促進社會繁榮喲。


## 能夠借錢借到什麼地步？

　　剛剛提到政府透過借錢的方式增加支出，可讓景氣恢復與減少失業人口，但問題是，總有一天得償還這些借來的

錢。有些人認為，只要景氣好轉，政府就還得了錢，所以政府借錢也沒關係。不過，日本政府的欠款，也就是必須償還的公債已高達九百兆日圓，這數字相當於 GDP 的兩倍，如果連地方政府的債務一併計算，應該已經達到一千一百兆日圓。

chimako

這數字已經大得超乎想像了（淚；）。

財政赤字的確一年比一年擴大，再這樣下去，到底該怎麼辦呢？我覺得似乎沒有人真的在意這個問題耶⋯⋯。

chimako 會擔心是再正常不過的事，不過要注意的是，國家借錢，與一般小老百姓借錢，在本質上略有不同，因為就政府借錢（不包含外國人買國債的情況）的情況來看，借錢給政府的人，也就是買國債的人一定在國內。所以政府借來一大筆錢的意思，等於是國民借政府一大筆錢的意思。

但話說回來，不管是一般老百姓借錢，還是政府借錢，欠債比收入還高都不是好事，財政都不算健全，所以不是再怎麼借錢也沒關係。以政府而言，若是硬要償還這些公債，恐怕就得大幅增稅，也有可能會發生很糟的情況。

更嚴重的是一旦政府愈借愈多，最後有可能誰都不願意

再借錢給政府，若以國債比喻就是沒有人願意購買國債。

## 國債的排擠

Aki

**國家破產的話，可能得請求聯合國協助，但這時候借錢給國家的人怎麼辦？想必國民的怒氣會一發不可收拾吧。**

這還真是尖銳又露骨的意見啊。沒錯，阿根廷這個國家就曾經因為還不出錢而宣佈債務違約，國債也變得像是廢紙般不值錢。當時，聯合國，嚴格來說是聯合國專業機構的國際貨幣基金組織（International Monetary Fund, IMF）願意助阿根廷一臂之力，前提是阿根廷必須遵守非常嚴苛的條件。

不過，情況沒有最糟，只有更糟。要是明明存款不足，卻為了提振景氣而借錢（發行國債），有可能反而弄巧成拙而破產，這時候就得急著進行「構造改革」，將發行國債的額度壓到 30 兆日圓之下，也得重新檢討公共建設。

不過，這麼做有可能會在好不容易向上翻轉的景氣潑一大盆冷水。你問「為什麼？」因為大家都會想要減少支出啊，如此一來，有可能又得再度借錢。

到底是要追求眼前（短期）的利益，還是要放眼未來（長期）的利益？如果能以同一套政府達成這兩個目標，那當然

是再好不過的事，可惜的是，短期與長期的政策往往會互相衝突，也就是顧此失彼，互相排擠的狀態（二律悖反）。

fields ·····································································

　　再怎麼想，我都覺得鼓勵亂花錢，作為刺激景氣與經濟的手段很奇怪。我覺得，就算景氣真的因為這樣好轉，我也一點都開心不起來，而且還有另一個怎麼樣都沒辦法接受的事情，那就是所謂的「戰爭特需」。因為戰爭而獲得幸福是件很可悲的事。必須透過戰爭才能振作的經濟，一定是哪裡生了病不是嗎？

　　難道沒有那種「國家很小，很不起眼，所以不會捲入紛爭，每個人都有自己的工作，不買多餘的東西，只買真正需要的東西，然後空氣與水都很乾淨的國家」嗎？

·····································································

　　fields 的意見也很有道理，但是要活化經濟，提振景氣，不代表就要亂花錢或是打仗，這點可千萬不要誤會了。最理想的情況就是把錢花在真正重要的事情（例如教育）上，這道理不管是在哪種社會都通用。

　　前面曾經提到，比起什麼都不做，亂花錢比較好的意見，而經濟會因為戰爭而活化的說法，其實也有一半正確，另一半則是情況不一定會如預期發展。如果能把錢用在刀口上，

經濟應該就會好轉，所以大家都覺得，經濟的重點在於將錢用在哪些事情上面。

另一個意見，也就是 fields 提到的理想國度，大家不覺得這就是在形容日本嗎？雖然日本偶爾還是會捲入一些紛爭，但比起世界上的其他國家，日本國民都有自己的工作，也能買得起想要的東西，空氣與水也還算乾淨，只是現狀還能維持多久，沒有人知道，而且還有很多有待解決的問題。到底該怎麼做才對，以及到底還缺少什麼，讓我們繼續學下去吧。

**【這次學到的概念】**

所得、儲蓄、消費、景氣、節儉的矛盾、國民所得、財政、減稅、國債、公共建設

**【總結】**

① 若將零用錢視為小孩子的收入，有部分會拿出來消費，剩下的則會存起來。

② 只存錢不消費的話，就會出現「節約的矛盾」，景氣也有可能會被拖累。

③ 當景氣下滑，所得難以增加時，政府可以減稅或是發行國債，進行公共建設，藉此刺激景氣。

④雖然借來的錢總有一天要償還，但如果大家都不想再購買
　國債，政府就有可能會破產。


【複習題】

①請判斷下列的文章何者正確，何者錯誤。

（　　）一般來說，景氣好的時候，零用錢會增加，消費
　　　　也會增加。

（　　）應該要為了未來的保障而時時提醒自己節儉，必
　　　　須努力存錢。

（　　）為了提振景氣而投資公共建設是亂花錢，沒有任
　　　　何效果可言。

（　　）現在日本政府的欠款已超過 GDP 的二倍。


②請思考下列的問題。

1. 有人說，要振興景氣就要亂花錢，但事情真的是這樣嗎？
　請試著想想看這個意見。

2. 假設政府在公共建設投資了 10 億日圓。如果整個社會的
　風氣是留下新收入的一成做為日後使用，那麼這 10 億日
　圓的公共建設能替整體帶來多少所得？請試著計算看看
　（提示：計算時，請想像往水裡丟石頭，結果漣漪不斷
　往外擴張的樣子）。

3.政府的債務接近 1000 億日圓。你覺得該怎麼處理這筆債
　務呢？

4.請盡量收集「節儉的矛盾」這類從個人來看是正確的，
　但放大至整體卻是錯誤的例子。

## 第八章

# 要開什麼公司呢？
## 企業與創業

在第一章登場的 momone 對經濟很有興趣，也在讀了《將檸檬當成貨幣的方法》這本經濟學繪本之後，貼了分享心得的文章。這次要以這本書為例，思考一下所謂的公司是怎麼一回事。

## 要開什麼店？

在《將檸檬當成貨幣的方法》這本書之中，有位女孩子把家裡的檸檬、砂糖、冰塊還有水做成檸檬水之後賣給客人，創立了檸檬水店這間「企業」。

**貓貓經濟大師**

如果你要在現代的日本開店（創立企業），你會想開什麼店？請告訴我那是什麼樣的生意，也順便寫下你會透過哪些方法讓這門生意成功。

**momone**

我很擅長製作手工藝，所以想開手工藝品專賣店，做一些毛線織品或是做一些串珠飾品當做商品。由於是自己製作，所以決定買一些比較便宜的串珠與毛線，而且也提供客製化的服務。

手工藝工坊聽起來是不錯的點子耶。感覺會很受歡迎。不過，要是有很多人喜歡 momone 的毛線織品該怎麼辦？如果是手工與客製化的商品，很可能會供不應求喲，到時候該怎麼辦呢？

**momone**

如果有很多訂單，一個人做就會太辛苦，所以會增加人手，一起製作毛線織品。由於得付來幫忙的人薪水，所以商品就得漲價。後續的話，就還得再想想。

momone 想到的解決方案是增加人力，這時候就需要更多的錢。momone 想到的是讓商品漲價，但漲價之後的問題在於商品到底還能不能賣得出去。此外，有什麼辦法可以調度到聘雇員工的資金呢？

## 做生意需要哪些東西？

momone：「我覺得除了人力之外，其次就是資金。沒有資金就什麼都沒辦法做。我打算以存款以及賣書的錢做為營業所需的資金」。

貓貓經濟大師「如果準備的資金不足該怎麼辦？在《將檸檬當成貨幣的方法》這本書裡面，那個小女孩一開始跟

momone 一樣，把小豬撲滿的錢拿出來用，但是你還記得她怎麼解決資金不足的問題嗎？」

momone：「跟爸爸借錢。原來如此，還可以借錢啊！」

momone 從撲滿拿出來的資金稱為「自有資本」，借來的資金稱為「借入資本」，銀行貸款或是公司債都屬於這類資金。可利用這些自我資本或借入資本聘請員工、建造工廠以及購買機械。

借來的資金總有一天要償還，所以自有資本當然是越多越好，但有時候就是無法自己準備所有的資金對吧。有沒有辦法調度不用償還的「資本」呢？

Aki

**可以透過股份有限公司的方式募資。這是早期幫忙購買香料的水手想到的方法。大家出錢購買股票，之後再依照股票的比例分取利益。如果有任何損失，出資買股票的人也得承擔，這就是股票的起源。**

## 資本與股票

如果是以自己的資本創辦公司，那可是一件很辛苦的事

情喲，因為要存到一大筆錢，不然就是得擁有土地，否則就是得跟別人借錢，而在這時候登場的就是 Aki 提到的「股份有限公司」。

發行股票，籌募資金的股份有限公司就是跟社會大眾說「如果這間公司賺錢的話，我會把賺到的部分利潤當作報酬，分給大家」，向認同這間公司的人募求營運資金的公司。出錢的人出資多少，就承擔多少責任。這就稱為「有限責任」。換言之，如果公司倒閉了，最多就是股票的價值歸零，不需要幫忙償還公司的債務。這種做法能讓社會大眾放心地出資，與分散投資的風險，所以這種適合廣募資金的企業型態也十分普及。

世界第一間股份有限公司為 1602 年設立的荷蘭東印度公司。這間公司與早兩年設立的英國東印度公司不一樣，是打算永續經營的公司，所以才被認為具備現代股份有限公司本質的公司。

進入十九世紀之後，鋼鐵、鐵路、石油、化學這類需要大規模設備的領域也都以股份有限公司的方式向社會大眾籌募大量的資金，因此，主要的企業幾乎都是股份有限公司。

## 如何設立公司？

在過去，要在日本設立公司，必須遵照商業法的規定，先在金融機構存入一千萬日圓。

不過為了鼓勵「創業」，日本政府設立了「中小企業挑戰支援法」，讓中小企業不需要準備任何資金也能創業，但條件是必須在五年之內賺到一千萬日圓。商業法在採用了這個規定之後，廢除了最低資本額的規定。

股份有限公司的「股東」擁有三種權利。其中一種是當公司賺了錢，可從中得到部分報酬的權利。不過，就現在的

日本企業而言，大多數企業的報酬率都很低，很少人會只是為了分得利潤而投資，但近年來，這個報酬率比銀行利息來得高，所以愈來愈多人為了領取報酬而購買股票。

第二種權利是可以出席公司最高決策機構的股東大會，參與經營方式的討論，不過，董事會採取的是一股一票的制度，所以擁有越多股票的股東，影響力就越大，但即使股份不多，還是能夠在股東大會出意見。

第三種權利就是能自由地買賣手中的股份。公司透過股票募得的資金不需要還給股東，所以就算股東拿著股票去公司，要求公司「贖回股票」，也沒辦法換回資金，相對的，股東也可以自由地將股份賣給想買這些股份的人，藉此換回資金。

一開始，發行股票與買賣股票都只能靠自己尋找交易對象，但慢慢地演變成在固定的場所，以固定的規則發行與交易，而這個場所就是證券交易所。比方說，位於紐約華爾街的紐約證券交易所、位於英國倫敦市的倫敦交易所、還是位於東京兜町的東京證券交易所，都是非常知名的交易所。近年來，以電腦進行交易股票的美國 NASDAQ（納斯達克）也是因為交易高科技企業的股票而聞名的交易所。

## 股份有限公司是誰的？

在股票市場會發生各種與企業有關的事件，比方說，因為記載虛偽的企業資訊而被逮捕的前任經營者，或是網路企業收購廣播公司的這類話題都是其中之一。讓我們一起問問大家的意見吧。

貓貓經濟大師：「大眾媒體也常常討論公司到底是為了誰的利益而存在，是為了股東？員工？還是社會大眾呢？」

nishi：「我覺得是為了股東而存在。如果該公司的公共性較高，與社會大眾的生活息息相關，就必須連同公眾的利益一併考慮。」

小叮噹：「我覺得是為了員工存在喲。因為這些員工在公司上班，領薪水以及生活。」

K：「我覺得是為了公司老闆的利益存在。老闆會聘請員工對吧？不過，若從提供社會大眾就業機會這點來看，公司似乎是為了社會大眾存在的？」

## 現代股份有限公司的擁有人

真是各有各的答案啊，由此可知，現代的股份有限公司就是有這麼多面向，也有許多利害關係人。

就法律而言，現代的股份有限公司屬於股東所有，所以

就算開放了股份，擁有大部分股份的創辦人還是能掌握這間創業沒多久的公司，也就是董事長兼任總經理的意思。

不過，在大多數的情況下，個人無法擁有大型企業的所有股份，擁有公司的人也不見得就能順利經營公司，所以通常會由能幹的員工或是挖角具備經營能力的人來經營公司。這種讓未擁有公司的「經營者」負責經營企業，讓企業變得更強的模式稱為「所有權與經營權分離」的模式。

此外，現代已有員工達數萬人的大型企業。若從員工的家庭、相關業界與公司員工的人數來看，即使只是區區一間民營企業，對社會也具有一定的影響力。假設大型企業的工廠落腳於某個地區，該地區的政治、經濟甚至是日常生活都會被該企業左右，所以在日本，都會將這類地區稱為「企業城下町」。

從這些實際情況來看，nishi 提出的股東也是正確答案，小叮噹提出的員工是正確答案，K 提出的老闆當然也是正確答案，所以現代的股份有限公司必須採納股東的意見，股東也會在股東大會發表意見，避免經營者讓公司蒙受損失，有時候甚至會透過股東代表訴訟追究經營者的責任。

此外，企業還必須扮演企業公民（Corporate Citizen）這個角色，擔起所謂的企業社會責任。

## 若將 e-教室視為一間公司

　　e-教室雖然不是以營利為目的，但如果將這間教室視為一種新的商業模式，以及當成一間公司經營，又該怎麼做呢？

**學舍管理人**

　　我覺得要將 e-教室當成公司經營就必須盈利，而盈利的方法有下列兩種，不同的方法會有完全不同的過程。

　　①將這間教室的課程以及大家討論的結果，整理成課本
　　　銷售。

　　②收取課程費用。

　　假設採用的是方法①，那麼來上課的所有學員都是員工，也就必須依照學員的上課方式分配業績。

　　假設採用的是方法②，就只有老師是員工，所有來上課的學員都是顧客，可是我絕對不想採用這種方式，因為當老師會變得很辛苦（苦笑）。

　　話說回來，要將 e-教室當成公司經營還得解決一個大問題，那就是這間教室沒有半個人喜歡記帳。

　　由於企業要存活下去就必須盈利，所以要賣什麼商品會是問題所在。此外，必須盡量節省製造與銷售商品的經費（成

本），否則就無法盈利，而且也得付老師薪水以及籌措資金，假設是股份有限公司，還得舉辦股東大會，光是想像這些事情就累死人了。

而且就如學舍管理人所說的，企業是需要記帳的，尤其股份有限公司有義務製作與公開資產負債表以及損益表。

資產負債表是說明企業財務狀態的帳簿。這張表格的左側是借方，也就是企業的資產，右側是貸方，是資本與負債的部分。由於貸方與借方的金額會一致，所以能根據這些數據算出盈虧，所以資產負債表的英文才會是「balance sheet」。

此外，損益表是與資產負債表同等重要的表格，一樣是說明企業財務狀態的帳簿，其中會記載一定期間之內的收入與費用，所以可從收入與費用的差額算出公司的盈虧。

順帶一提，這種複式簿記的「簿記」，源自英文的 book keeping。你猜這是誰翻譯的？答案是福澤諭吉。從 book keeping 翻成「簿記」，是很厲害的翻譯，對吧？

## 企業與勞動

momone 在前面也提過，當店面或是公司的規模愈來愈大，就必須聘雇員工。企業沒辦法只靠老闆一個人運作，所以員工也是企業的重要支柱。法律定義的「員工」就是股東。

在經濟領域之中，一般的上班族會被稱為「勞工」。將 e- 教室當成公司經營時的「員工」也是勞工。

要以多少薪水聘雇員工可由經營者與勞工根據契約自由原則交涉。說是交涉，其實就是找工作的意思。若是從經濟學的角度來看，就是勞動市場裡的勞動力的買賣。

被聘雇的勞也擁有一定的權利。比方說，勞動基準法就規定勞工得享有最低的勞動條件。勞工也有權組織工會，與資方進行談判，而且可以在談判破裂時，發動罷工或是其他抗爭運動。

現在的日本勞動市場因為景氣不佳，愈來愈多年輕人找不到工作，有些上班族也被公司以裁員的名義解雇，更慘的是，還出現過勞死或自殺這些案例。此外，只能找到「打工」或「派遣職」這類非正式僱用工作的年輕人以及「尼特族」（Not in Education, Employment or Training, NEET：不去學校、不工作，也沒接受職業訓練的年輕人）也愈來愈多。

對企業來說，能否找到有能力的員工是決定公司存亡的關鍵，所以在面試員工的時候，通常都會精挑細選對吧。就像學舍管理人所擔心的，如果沒有人懂記帳，就得另外聘請懂記帳的員工，不然就是必須請現有的員工學習記帳。所以接下來要找工作的年輕人，一定得提升自己的能力與身價，已經在企業上班的人，也得加強自己的能力，以免被時代淘

汰。

　　不想當上班族，想自己創業的年輕人，不妨從現在開始學習各種創辦公司的方法，創造自己想做的工作。經濟學者熊彼得（Joseph Alois Schumpeter, 1883-1950）認為只有不斷能發明新的生產方法或產品的企業家陸續出現，經濟才得以持續發展。就這層意義來看，接下來能有多少人創業也決定了日本的未來。

K

　　我採訪了我的爸爸，開心工作的祕訣，結果我爸回答：「這個祕訣得自己去尋找。」我媽則是回答：「一起工作的人如果值得尊敬，工作就很開心。」

　　就像 K 與父母親的對話，一邊尋找自己的可塑性，一邊創造每個人都能擁有快樂生活的社會，是你們必須面對的課題。

【這次學到的概念】

　　企業、自有資本、借入資本、資本、股份有限公司、創業、股東、經營者、所有權與經營權的分離、勞工、打工族、尼特族

## 【總結】

① 要創辦企業需要具備人力、物資與資金。

② 現代的主要企業都是股份有限公司。這種股份有限公司是以廣募資金的方式運作,但只需要背負有限的責任。

③ 股東擁有領取報酬的權利、投票權、自由買賣股份的權利。

④ 雖然勞工擁有組織工會的權利,但最近打工族或尼特族這種形同一盤散沙的年輕人已成為社會問題。

## 【複習題】

① 請判斷下列的文章何者正確,何者錯誤。

(　　) 如果投資者提出要求,股份有限公司必須買回股份。

(　　) 在現代的日本,就算最低資本只有一元也能創辦股份有限公司。

(　　) 在現代日本的大企業之中,常可見到來自基層的經營者成為公司實質管理者的情況。

(　　) 勞工擁有勞動權,所以國家一定要聘僱勞工。

② 請思考下列的問題。

1. 如果你要創辦公司,你會創辦什麼公司呢?請試著想想看創辦公司的時候,需要解決哪些問題,同時擬定相關

的企劃。

2. 你覺得創辦公司還是去公司上班比較適合自己？

3. 請試著從企業的社會責任，思考創辦的公司具有何種使命。

4. 你對打工族的看法是什麼？你覺得國家應該負起責任，讓打工族全部消失嗎？

## 第九章

# 逃離無人島大作戰
## 比較優勢

這世上有許多像是《魯賓遜漂流記》的故事。本章要帶著大家一起思考這類漂流記。這類故事與經濟有什麼關係呢？第一步讓我們先看看下面欲個問題。

## 該怎麼做才能活下去

貓貓經濟大師

狗狗老師與貓貓老師一起漂流到某座無人島。接下來他們要想辦法活下去，以及平安歸來。

可喜的是，這座島有很多魚與水果，所以他們兩個開始為了活下去而做了一些事。

狗狗老師很擅長釣魚與採水果，工作一天可以釣到 10 隻魚，或是可以採收 8 個水果。

反觀貓貓老師就沒那麼厲害，一天只能釣到 4 隻魚或是採到 6 個水果。

這個情況可整理成下列的表格。

|  | 魚 | 水果 |
|---|---|---|
| 狗狗老師 | 10 | 8 |
| 貓貓老師 | 4 | 6 |

（數字是工作成果）

貓貓老師消沉地說：「手笨腳笨的我沒資格活下去。」

接下來請大家教一下這兩位老師，該怎麼做才能在這荒島度過充實的求生生活，也請鼓勵一下失去生存意志的貓貓

老師吧。

～～～～～～～～～～～～～～～～～～～～～～～～～～～～～

　　狗狗經濟大師：「讓我補充說明一下吧。這問題的前提是我與貓貓老師在能力上有一定的落差，對吧？但這充其量只是問題的一部分，在現實生活可不是這樣囉。」

　　該怎麼思考這個問題才好呢？提示在於「這兩位老師如何合力度過充實的求生生活，以及該怎麼分工合作，對吧？」

## 只要兩個人齊心協力就沒問題了。

小豆～～～～～～～～～～～～～～～～～～～～～～～～～～～～

　　狗狗老師去捕魚，貓貓老師去採水果的話，一天就可以準備 16 個食物喲。只要願意分彼此食物，兩位老師就能主餐吃魚，甜點吃水果了。

　　致貓貓老師。如果沒有貓貓老師幫忙的話，狗狗老師去釣魚，就吃不到水果，去採水果就吃不到魚。所以請不要對自己絕望。

～～～～～～～～～～～～～～～～～～～～～～～～～～～～～

　　一如小豆所述，假設狗狗老師捕了 10 隻魚，貓貓老師採集了 6 顆水果，總共就能準備 16 個食物，也能夠在荒島活下去。但是，請大家聽聽接下來的對話。

狗狗經濟大師：「我不想一整天都在捕魚，請讓我做做別的工作。」

貓貓經濟大師：「對啊，狗狗老師比我還會採集水果，也可以讓狗狗老師去採水果。」

## 只要先採集足夠的量，問題就解決了

明明小豆給了不錯的建議，但這兩位老師似乎有些不滿，明明一直要別人「幫忙」，卻這麼任性。不過，還有其他的留言可以參考。

友香

　　每天輪流採集水果與捕魚就好了。只是這麼一來，會有最多只能採集 12 個食物的日子。建議兩位老師在一天能採集 16 個食物的時候，稍微留一點食物，以備明日不時之需。為了避免食物腐壞，可以將食物曬成乾，或是兩個人各出一隻魚，作為離開荒島的準備。

友香這種替隔天預留食物的想法真是不錯。

但是，如果真要兩個人各出一條魚，對有能力大量捕魚的狗狗老師來說沒什麼，但是對於只能捕到一點魚的貓貓老師來說，就有點捉襟見肘，這麼一來，與其說是共同生活，還比較像是有錢人與窮人一起生活的感覺對吧？到頭來，有可能會演變成狗狗老師說什麼是什麼的局面，因為狗狗老師比較占上風。

友香

　　既然如此，不如讓狗狗老師與貓貓老師平分一整天採集的食物，之後再自行處理分配到的食物。如果有人一心只想自己活下去，那真的是壞主意。

這就是友香的建議。聽起來好像沒什麼問題。

　　不過，想一個人獨活的確是有點過分，但想要活下去，有時候就是得踩著別人往上爬，所以為了活下去，現階段先考慮兩個人該如何採集食物，如何分配與儲存都是很重要的問題。

　　雖然友香提出了「兩個人平分食物」的建議，但很難平分嘞，這部分留待後續討論吧。

## 存活與比較優勢

　　這次請貓貓老師與狗狗老師扮演了這麼困難的角色還真是抱歉，不過，這個漂流記是以英國經濟學者李嘉圖（David Ricardo, 1772-1823）提出的「比較成本理論」為雛型的故事。

　　李嘉圖在《政治經濟學和稅收原理》（*On the Principles of Political Economy, and Taxation*，初版 1817 年發行）以「比較優勢」的概念提出自己的理論。

　　所謂的「比較優勢」就是相對占有上風的意思。這裡的重點在於「相對」這個關鍵字。雖然在狗貓漂流記之中，狗狗老師不管是捕魚還是採集水果，都比貓貓老師來得厲害，但真要分析的話，還是捕魚比較厲害，而這種情況就是所謂的「比較優勢」。

　　李嘉圖以這世上只有兩種東西，以及兩個國家為前提，說明了自己的理論。在李嘉圖模型之中，這兩個國家分別是

英國與葡萄牙，兩項資產則分別是毛織品與葡萄酒。

不過這個故事與李嘉圖模型有一些出入之處，因為李嘉圖是根據以勞動量與時間評估商品價值的勞動價值說提出模型。李嘉圖在其著作提到了下列的內容。

|  | 毛織品 | 葡萄酒 |
|---|---|---|
| 英國 | 100 | 120 |
| 葡萄牙 | 90 | 80 |

這些數字是製作一單位產品所需的時間，所以英國的勞工要生產一單位的毛織品需要耗費 100 個小時，在葡萄牙只需要 90 個小時，而且前提是，全世界都能各生產兩個單位，總計四個單位的產品。

在勞動價值說之中，耗時愈久的產品愈有價值，所以英國生產的毛織品比較有價值，但如果因為比較有價值而將定價拉高，反而有可能輸給對手。

讀到這裡，大家應該會發現在這個模型之中，不管是毛織品還是葡萄酒，英國都贏不了葡萄牙，而在我們的荒島漂流記之中，狗狗老師相當於葡萄牙，貓貓老師相當於英國。

荒島漂流記的數字不是李嘉圖提到的勞動時間，而是一整天的勞動成果，但兩者其實有異曲同工之妙。若將時空背景換成李嘉圖模型，又會得到什麼結果呢？

如果讓什麼都不擅長的英國專心製造比較擅長的毛

織品，以勞動時間總計為 220 個小時的情況來看，能生產 220÷100=2.2 單位的毛織品。

若是讓什麼都很擅長的葡萄牙生產較擅長的葡萄酒，而且以勞動時間總計為 170 個小時來看，可以生產 170÷80=2.125 單位的葡萄酒。

原本這個世界只能生產 4 個單位的產品，但是在上述的分配之後，就能生產 4.325 個單位的產品。找出相對擅長的產品，再專心製造該產品（「專工生產」），並且以 1：1 的交易條件交易這兩種產品，這世界就會多出 0.325 個產品，這是不是很美好的結果呢？而這就是前面提到的比較成本理論。

這時候，英國放棄的葡萄酒與葡萄牙放棄的毛織品有何特徵呢？答案就是生產每單位產品的成本較高這點，換言之，這兩個國家放棄了生產成本較高的產品，反過來說，只需要生產成本較低的產品即可。

大家對於這個選擇了一邊，就得放棄另一邊的理論是不是似曾相識？沒錯，這就是在第二章學到的「機會成本」。若以機會成本的字眼重新說明，那就是專心生產機會成本（經濟成本）最低的產品最為有利。

既然如此，只要根據這個理論找出自己擅長的部分，再以專業分工的方式生產，以及「主動交換自己的產品」，就

能得到皆大歡喜的結果。

## 交換能讓所有人都幸福嗎？

話說回來，事情沒有想像得那麼簡單。

比方說，日本與美國都有自己的農業（例如稻米）與工業（例如汽車）。若從比較成本理論來看，兩個國家只需要專心生產自己擅長的產品，然後再交換產品，就能得到雙贏的結果。

這時候日本應該要放棄生產效率較差的稻米耕作，專心生產汽車，美國則應該放棄效率相對較差的工業，專心種植稻米，然後美國與日本互相交換產品，就能得到最圓滿的結果。這麼做的確能讓兩邊都變得富足，但是很少人會在聽到「你的工作比較沒有效率」的時候，乖乖放棄自己的工作對吧。

此外單一耕作（monoculture）這種經濟構造雖然符合比較優勢的概念，但真的能帶來幸福嗎？

miobear

我在學校看的某支影片提到，非洲最貧窮的國家之一就是這種單一耕作的國家。雖然那個國家得以獨立，但是產品的價格跌得很慘，整個國家陷入舉債的困境。已開發國家不一定會為了開發中國家的未來著想，而且那個國家也是在強

國的要求之下，被迫接受單一耕作的生產模式。

miobear 看到了在比較優勢的理論下，被迫接受單一耕作模式，無法比過去更加繁榮的現實，也發現比較優勢的概念是強者的邏輯。沒錯，的確也有這樣的情況，但是比較優勢的概念為什麼會繼續傳承呢？

## ABARA

製造擅長的產品比較有效率這點，是屬於消費者立場的概念喲。從勞動者立場來看，這麼做不一定會皆大歡喜。

如果不能從製造東西的過程中得到樂趣，只能生產較擅長的產品的話，那麼我們就會淪為只懂得生產商品的機器人。

我覺得能自由選擇職業這點也很重要。日本的確能夠藉著專心生產汽車提升產值，躋身富庶國家之列，但我覺得每位國民會因此陷入不幸。

所以就算是效率不佳，只要大家能夠開心地工作，才能得到最圓滿的結果對吧。

ABARA 也對以效率為主軸的比較優勢能否讓所有人都得到幸福這點提出疑問。

不過就像前面提到的狗貓漂流記，什麼都不行的貓貓老

師若能專心採集相對擅長的水果，再與狗狗老師交換的話，絕對比兩個人都做同一件事來得有利，也能得到更豐富的生活，所以比較優勢的概念也是讓弱者能有棲身之地的理論喲。

簡單來說，如果硬是要將比較優勢的概念套用在別人身上，那麼比較優勢就是屬於強者的理論，但如果能夠利用這個概念找出自己擅長的部分，再讓這個部分發揚光大，就是能創造圓滿結果的理論。只要能察覺這項理論擁有上述的兩種性質，再巧妙地運用這項理論，這項理論就是能於貿易，乃至於人生應用的超強理論。

**【這次學到的概念】**

比較優勢、專業分工、專工、李嘉圖、比較成本理論、自動交換。

**【總結】**

① 各自找到屬於自己的強項，再專心生產該產品，會比全部自己生產來得更有效率。

② 相對擅長的部分稱為比較優勢，這種概念也是自由貿易的原理。

③ 比較優勢是每個人、每個國家都有自己的專長，只要妥善應用這項專長就能存活的概念。

④ 比較優勢這項概念雖然能提升整體的利益，卻會造成部分
的犧牲。例如有些人就會被迫放棄工作。

## 【複習題】

① 請判斷下列的文章何者正確，何者錯誤。

（　　）不管是釣魚還是採集水果都比狗狗老師遜色的貓
貓老師也有所謂的比較優勢。

（　　）擁有機會成本較低的產品的生產者具有比較優勢。

（　　）比較優勢的概念只適用於經濟，無法在人類的生
活應用。

② 請思考下列的問題。

1. 盡可能列出與狗貓漂流記相同情節的例子。

2. 在李嘉圖模型之中，毛織品與葡萄酒是以 1：1 的條件交
易，而這裡要請大家計算看看，該如何設定交易條件，
才能享受比較優勢的優點。

3. 請舉出一個貿易摩擦的案例，以及透過比較優勢的概念
思考解決這個貿易摩擦的方法。

4. 你覺得通才與專才哪種比較好？請試著以比較優勢的概
念思考。

## 第十章

# 分配與製造蛋糕的方法
## 資源配給與資源分配

　　貓貓老師與狗狗老師總算合力逃出無人島。學生們為了慶祝他們平安歸來，特別準備了蛋糕慶祝。這蛋糕看起來很好吃，但只有一個，所以兩個人只能盯著蛋糕看，不知道該怎麼切才好。看來這兩位老師還真是學不乖啊。

## 該如何平分一個蛋糕呢？

　　貓貓老師與狗狗老師正盯著一個蛋糕思考該怎麼切才好。在此要請大家挑戰下列這個問題。

### 貓貓經濟大師

　　其一　有什麼辦法可以切好這個蛋糕呢？請盡量提出意見（可以的話，提出五種辦法）。

　　其二　如果要讓貓貓老師與狗狗老師都吃得開心，該怎麼切蛋糕才公平呢？請大家試著思考這個問題。

　　狗狗經濟大師：「看來，貓貓老師與狗狗老師又上場了。其實上述的問題說是切蛋糕，不如說是決定每個人該分到多少蛋糕才對。我覺得方法應該有很多，請大家想想看囉。」

　　結果有兩個人投稿。

多拉

其一　關於「切蛋糕」的方法

① 隨便切一切，再猜拳決定。

② 猜拳猜贏的人可以先切一半，輸的人可以先拿蛋糕，順帶一提，也可以讓輸的人來切。

③ 再買一個蛋糕，並且由兩個人平均分攤，讓兩個人各吃一個蛋糕。

④ 由其中一方出錢買下整個蛋糕，享受完整的蛋糕。

⑤ 請第三者切，然後猜拳，再分蛋糕。

其二　關於「均分的方法」

如果採用其一的②，負責切一半的人不能抱怨，選擇拿哪邊的人也不能抱怨。

原子小金剛

比起猜拳，還不如讓貓貓老師與狗狗老師比腕力，贏的人就可以分蛋糕。不然就是把蛋糕賣給別人，再將賣蛋糕的錢拿去買另外兩個蛋糕就好了。對了，收到蛋糕的時候，先收到的不是都會先吃嗎。

多拉與原子小金剛都幫忙想了很多分蛋糕的方法耶。在這兩人提出的「均分」的方法之中，多拉提出的「猜拳猜贏

的先切，猜輸的人先拿」應該是最公平的分法了。

## 藏在分蛋糕這件事背後的意義

為什麼會請大家思考這個問題呢？

其實是因為稀有資源的「配給」與成果的「分配」會決定公司的架構。配給與分配的意思雖然很接近，但「配給」是該將資源投注在哪些用途的問題，而「分配」則是誰該擁有多少生產成果或是初期資源的問題。

所以切蛋糕是資源分配問題，製作蛋糕則是資源配給問

題，也就是該分配多少材料才能做出蛋糕的問題。沒想到區區一塊蛋糕，也會遇到這種與經濟本質有關的問題啊。

話說回來，似乎可以把剛剛提出的一些分法以及還沒有人提出的分法整理成下列的內容：

① 先搶先贏或是由力氣大的人分配

② 聽從有權力的人或是機構的指令

③ 透過互相商量或交易的方式

④ 利用其他方法分蛋糕

如果要將上述這四種方法套用到整個社會，你覺得採用哪一種方法的社會比較好呢？

呃，請不要不假思索地回答「當然是③的方法最好啊」，因為還有採用其他方法的社會。請大家試著想像那會是怎麼樣的社會，再試著舉出這類社會的優缺點。

多拉

①對於機靈的人或是力氣比較大的人來說，①的方法當然不錯，但是對那些動作比較慢或是弱小的人來說，這種社會恐怕處處是惡夢。

②的方法則是一切以天皇或是國王下達的指令為基準，

如果這些領袖的指令是對的，那還沒關係，但如果是錯的，恐怕會很難修正。

③的方法則是現代日本採行的議會制度。由於是依照大家的共識做出最後的決定，所以比較不會出錯。

④還有以小團體進行捕魚或狩獵的生活方式，然後依照各自的需求分配資源。這種方法雖然可以活得很自由，一旦突然發生意外，恐怕無力面對。

多拉依照上述的四個分類提出了精闢的意見呢。

## 採用哪種分法的社會比較好呢？

fields

我覺得就現代經濟而言，都是預設每個人想要「盡可能收集物資、金錢，而且不想分給別人」，我覺得這種預設立場很有問題耶。

每個人看到很稀有的東西時，都會因為這東西很稀有而很想要，也會很想收集。明明身體只有一個，又用不到那麼多。如果每個人都可以只拿自己需要的東西，應該就達到多拉提到的④的社會對吧？還是說，這是痴人說夢？

多拉說的④的社會以及 fields 說的「只取需要之物」的社

會很像是大同世界或是烏托邦，也是我們早就忘記的生存方式。這種生存方式雖好，但人類總是希望過得更富足，也希望儘可能地合理配給資源，所以才發展到現在這個地步。在思考經濟問題時，假設每個人都追求理性，每個人都是「經濟人」是很合理的一件事，這也是經濟理論所假設的人類樣貌，所以現實世界的人類不都是 fileds 口中的自私自利之輩。

## 先搶先贏或是聽從指令的分配方式不會成功

接著讓我們一起思考採用哪種方法製造蛋糕的社會比較理想吧。話先說在前頭，這是屬於資源配給的問題。

首先想排除的是①的「先搶先贏，或是力氣大的人分配」的社會，因為這種方法在現代社會行不通。法律的世界的確有所謂的「先占原則」（Preemption），也就是認同先占先贏的行為，比方說，領土是先占先贏，專利也是先申請的人擁有，但是當整個社會都採用這種模式，恐怕會變成弱肉強食的社會。

那麼②的「聽從有權力的人或是機構的指令」又如何呢？在多拉的想像之中，這應該是由個人分號施令的社會，但其實舊蘇聯以及其他曾經實施計畫經濟的社會主義國家就屬於這類社會，而這種製造蛋糕的方法就稱為「統制經濟」。

舊蘇聯的國家計畫委員會（Gosplan）會擬定經濟計畫，

再根據擬定的計畫命令各地工廠生產產品。原則上，這種方式最能有效率地配給資源，也能最公平地分配成果，因為每個人都被設定了生產量。

可惜的是，這套方法終究未能成功，因為沒有人知道是否真能做出蛋糕，而且還要求每個人達成配額的生產量，如果沒能達成配額，產品就無法送到消費者手上。此外，就算只是做一個蛋糕，小麥、雞蛋、牛奶、砂糖以及其他原料的調度與生產，都得聽從指令進行，發號施令的人或機關就得不斷地下達指令。只要有某個部分無法達成指令，或是指令無法傳遞至每個角落，就無法湊齊原料，也就無法生產蛋糕。不管是誰，要想生存下去都需要非常多資源。即使是電腦如此發達的時代，也不可能一切都由人類發號施令。

另一點就是無法保證品質。好吃的蛋糕當然是人人搶著要，但難吃的蛋糕恐怕沒人想吃，而在這種模式之下生產的蛋糕通常都很糟，消費者連買都不想買，於是奉行統制經濟的舊蘇聯就因為生產效率不彰、產品品質粗劣以及各種問題而瓦解。

## 依照市場型態調整的製造方法

採用③的「互相商量或交易的方法」就是典型的「市場社會」。

　　所謂的市場社會就是每個人都能自由製造與交換產品，也就是以「市場經濟」為交易基礎的社會。這種社會與統制社會的差異在於沒有發號施令的人，但是每個人都能得到必要的東西，因為雖然這種市場沒有發號施令的人，而且每個人都會為了追求自己的利益而與別人產生摩擦，但是都有能力得到自己想要的東西。英國經濟學者亞當・斯密（Adam Smith, 1723-1790）將這種現象稱為「看不見的手」。

　　市場社會是交涉型的社會，基本上所有的交涉都是透過金錢進行。若以剛剛的蛋糕比喻，那就是必須確定這塊蛋糕是誰的，也就是必須釐清蛋糕的所有權，這也是交易的前提。在開頭的問題之中，蛋糕是送給兩位老師的禮物，所以兩位老師才會因為共同擁有這塊蛋糕而大眼瞪小眼。

　　假設這塊蛋糕是送給貓貓老師的禮物，那麼貓貓老師不分給狗狗老師也不是不行，但貓貓老師應該不會這麼狠心才對。只要像這樣釐清所有權，之後是要吃掉，還是要賣掉，基本上都是由所有者自行決定的。

　　同理可證，稀有的社會資源也是得先釐清所有權，再放到市場競標與決定價格，之後大家會將這個價格視為「該不該出手購買」的訊號，而這就是前面學過的市場機制。

　　這種市場經濟能極度有效率地配給資源，卻無法保證能平均配給資源。換言之，若是在這種社會生活，只要口袋沒

錢，不管眼前的蛋糕有多麼好吃，你都買不了，當然也吃不了。這是很嚴峻的社會對吧，所以不管效率有多好，市場經濟的社會也不會因此而順利運轉。話說回來，我們已經知道否定市場經濟，採用統制經濟的舊蘇聯的下場了，所以到底該怎麼做才是對的呢？

## 均分蛋糕的方法是？

其實早在兩千年之前，就有人想過均分蛋糕這個資源分配的問題。

古希臘有位哲學家叫做亞里斯多德（Aristotle, 西元前384-西元前 322），他的著眼點在於「正義」這個問題。根據亞里斯多德的說法，正義分成兩種，一種是奠基於算術或比例的正義，算是形式平等的正義，另一種則是奠基於幾何學比例的正義，也就是依照能力調整的平等。

假設要追求的是奠基於算術比例的正義，就是追求「結果的平等」。如此一來，就得為了讓整個社會得到平等而有所犧牲，但即使是從社會主義的經驗來看，這也是個很難達成的目標對吧。

那麼追求奠基於幾何學比例的正義又可以得到什麼結果？答案是，每個人都可以公平地得到機會，卻不保證每個人都能得到相同的結果，換言之，這種理論的基礎在於每個

人都有機會，卻也得自行對結果負責。

其實東方世界也曾思考這個平等的問題。孔子曾在《論語》提過「不患寡而患不均」，這的確是以分配的正義為題對吧。

話說回來，現代又是怎麼處理這個問題的呢？

### momone

我們家都會讓小孩子先選喜歡的東西，然後換爺爺選擇。其他人就是依照吃飽飯的順序選。選蛋糕的方法大致上就是這樣。

我家爺爺說，先讓小孩子選是我們家的家風。

在 momone 家這種選擇順序是一種家風，而這種依照傳統或風俗分配資源的社會稱為「傳統社會」。雖然「傳統社會」聽起來有點老派，但其實在現代受到不少關注，有些人認為仿照 momone 家的做法，讓小孩子或是比較弱勢的人先獲得資源才算是實踐了正義。

美國哲學家約翰‧羅爾斯（John Rawis, 1921-2002）認為：「正義就是讓最劣勢的人，得到最大的利益」。大家不覺得這與 momone 家的家規非常接近嗎？不過有些人認為，要是真的依照羅爾斯的主張去做，那麼大人該怎麼辦？有些

人也主張要讓真正需要的人優先分到資源，這些主張也引起了不少的討論。在此希望大家知道的是，現代的社會福利政策也從羅爾斯的主張思考該怎麼將財富（蛋糕）分別那些被歧視的人，或是相對弱勢的人。

【這次學到的概念】

分配、配給、經濟人、統制經濟、市場經濟、公平、機會的平等、結果的平等

【總結】

① 經濟的重點在於透過各種方法將經濟資源分配給每個人。

② 以配給方式區分社會之後，可分成傳統經濟、統制經濟與市場經濟這三種。

③ 傳統經濟與統制經濟，不適用於現代這種規模龐大的經濟。以現代來看，大部分的地區都是透過市場經濟的方式配給資源。

④ 資源的分配要力求公平，資源的配給則要力求效率，但效率與公平之間，往往存在著互相排擠的關係。

【複習題】

① 請判斷下列的文章何者正確，何者錯誤。

（　　）分蛋糕的方法與資源配給的問題有關。

（　　）要讓兩個人公平地分蛋糕，可讓其中一人負責切
蛋糕，再讓另一人先分蛋糕。

（　　）根據資源配給方式分類社會之後，可分成傳統經
濟、統制經濟與市場經濟三種。

（　　）市場經濟難以兼顧資源配給的效率以及分配的公
平性。

② 請思考下列的問題。

1. 該怎麼做，才能讓三個人均分蛋糕。

2. 為什麼統制經濟最終會走不下去？請試著整理原因。

3. 該怎麼做，才能在採行市場經濟的情況下，兼顧效率與
公平。

4. 你追求的是結果的平等，還是機會的平等呢？請試著以
社會福利的形式總結你的理由。

## 第十一章

# 匯兌市場的風雲人物登場
## 匯率

剛剛 momone 貼了篇新的文章：

**我小時候就常聽到電視報導「為您報導今日匯率與股票市場」這類新聞，當時我一直聽不懂什麼是匯率與股價，還以為是什麼可以吃的。**

的確，就算每天聽到股票還是匯率，也不見得就能了解那是什麼。雖然我們在教室學到了貿易的理論，但實際與外國交易時，還是得與外國交換貨幣，去國外旅行時，也必須先把錢換成當地的貨幣，所以這次決定與大家一起了解匯率。

## 一個月之後的外匯行情會如何變化？

這次要透過「外匯市場」了解國際經濟。假設現在的行情是 1 美元兌 118 日圓，這個月底的日圓兌美元的匯率會是多少呢？讓我們鐵口直斷一下吧，如果準確猜中的話，有可能成為外匯市場的風雲人物喲。

預測行情的時候，請記得寫下預測的理由。

我聽到有人說「怎麼會突然要我們預測匯率啊？太困難了吧」，的確，突然要預測的話，恐怕只能得到亂槍打鳥的

結果，所以讓我們一邊猜謎，一邊學習預測的方法吧。

## 外匯市場在哪裡？

貓貓經濟大師

接下來要請大家回答外匯的基本問題。一開始先來五道簡單的題目。

① 行情從 1 美元兌 100 日圓，變成 1 美元兌 120 日圓。意思是日圓升值了。這個說明是○還是 × ？

② 外匯也與證券交易所一樣，有所謂的東京外匯交易所。這個說明是○還是 × ？

③ 東京的外匯市場是早上九點開市，下午五點閉市。這個說明是○還是 × ？

④ 外匯交易就是美元與日圓直接交換的意思。這個說明是○還是 × ？

⑤ 外匯市場與蔬菜或股票一樣，都會因為對美元或日圓的需求與供給波動。這個說明是○還是 × ？

佩里托特：「我努力想了一下，但不太確定③與④的答案。我的答案是① ×、②○、③○、④ ×、⑤○。」

wako：「這五題好難啊，有些是忘記答案，有些是根本不知道答案。我的答案是① ×、② ×、③○、④ ×、

⑤○。」

接著為大家說明。

①行情從 1 美元兌 100 日圓變成 1 美元兌 120 日圓。意思是日圓升值了。

答案是 ×。

雖然日圓的數字變大，看起來很像是升值，但這是因為以美元為基準，所以才會有這種錯覺。匯率是兩種貨幣之間的交換比率，要以哪種貨幣為基準都可以，但通常會以強勢貨幣為基準。

其實我們也可以這樣想。假設以日圓為基準，在 1 美元 =100 日圓的行情之下，公式可以改寫成 1 日圓 =0.01 美元，也就是 1÷100 的意思，所以當行情變成 1 美元 =120 日圓，就會是 1÷120，公式也會寫成 1 日圓 =0.0083 美元，意思就是，原本拿 100 日圓可以買到 1 美元，但現在只能買到 83 分美元。這下子大家應該懂了吧？在這種情況下，日圓是貶值了。

如果以美元為基準，這個情況意味著美元升值。日圓貶值時，美元一定升值，而日圓升值時，美元一定貶值，所以不用特別去管 1 日圓或 100 日圓可以換到多少美元，只需要看美元就能知道日圓是升值還是貶值。

②外匯也與證券交易所一樣，有所謂的東京外匯交易所。

③東京的外匯市場是早上九點開市，下午五點閉市。

這兩題最好是一起解答與解說。這兩題的答案都是 ×。

「外匯」沒有證券交易所這種只能在這裡交易的場所。基本上,都是透過電話這類聯絡網交易。雖然偶爾會看到正在交易的「場所」的影像,但那只是外匯經紀公司(幫忙顧客買進賣出的外匯商)的交易員房間,佩里托特應該是把這個交易員房間當成市場了。

外匯經濟商就是幫忙顧客買賣的人。外匯的交易除了在交易員房間進行之外,許多人或公司都會透過看不見的電話線路進行交易,而且這類型的交易占大宗,所以基本上可以隨時進行交易。

東京的外匯市場大概是在早上九點到下午五點這段期間最為熱絡,如果東京的外匯公司休息,東京的外匯市場也跟著休息,可以找找看全世界還有哪裡正在交易,如此一來還是能買賣貨幣。所以我才會說外匯市場基本上是隨時都在交易。一般來說,一整天最先開市的是雪梨威靈頓市場,接著是東碼、香港以及其他市場,而最後開市的是紐約市場。紐約與東京的時差為 14 個小時,所以外匯業務的人真的很辛苦。

④外匯交易就是美元與日圓直接交換的意思。

這個問題故意讓大家想了一下,但其實答案是○。

匯兌就是與遙遠的另一端,安全地交換現金的方法。這

概念有點像是宋朝的「飛錢」，即使是在國內，也會透過匯兌的方式匯款對吧。

兌換外國的貨幣與在國內匯款的方式一樣，只不過通常會透過國際匯票進行，以國際匯票結帳時，通常就是買進對方的貨幣，反之則是賣出對方的貨幣。所以外匯的意思就是美元直接交換日圓，或是某國的貨幣直接交換另一個國家的貨幣。

⑤外匯市場與蔬菜或股票一樣，都會因為對美元或日圓的需求與供給波動。

答案是○。

在現行的「浮動匯率制」之下，可以看出匯率是隨著需求與供給而變動。其實在過去採用「固定匯率制」的時候，匯率當然會隨著需求與供給變動，但通常都會盡力控制匯率，避免匯率浮動，所以最後才會因為無法控制住匯率，而出現金融方面的危機。

問題是，美元或是日圓有多少人買進？或有多少人想賣出美元或日圓，這才是影響匯率浮動最根本的原因。

其實這跟之前學過的市場競標很像，換句話說，在現行的外匯市場裡，「金錢」與蔬菜或海鮮一樣買進或是賣出。

## 預測有很多種

就在我們討論這五道問題的時候，收到了不少預測。

wako：「國會通過臨時預算了。由於要消化預算，所以債務會少一點吧？所以我預測會是一百一十七日圓。」

fields：「我覺得預測沒有那麼困難。我的答案是一美元兌一百三十六日圓！理由是石油會愈來愈貴。」

ABARA：「我預測的是一百一十五日圓，因為出口愈來愈好。如果日元一直維持在高檔，出口產業就糟了。」

預測的範圍為115日圓到136日圓。由於目前是118日圓，所以有兩個人預測不會有太大的變動，而fields則是大膽預測日圓會貶值，雙方可說是各執一詞。

## 匯率變動的因素是？

匯率就是與外國交易的時候，需要拿多少錢與該國的貨幣交換的意思。所以匯率變動的最大主因就是經濟交易。

與外國的經濟交易大致可以分成兩種。

一種是稱為「經常收支」的貿易。比方說，ABARA與fields提到的石油或產品的買賣，或是買旅行或保險這類無形的商品（服務）。

另一種則稱為「金融收支」，也就是買賣外國國債或證券之際的資金流動。這種交易也稱為間接投資。同理可證，

在外國建造工廠的時候，也會用到美元，此時資金也會流動，而這種情況就稱為直接投資。

其他影響匯率變動的理由還是 wako 提到的國內景氣。

綜上所述：

①貿易所需的資金

②買賣服務所需的資金

③間接投資所需的資金

④直接投資所需的資金

⑤其他

這五種資金的流動都是匯率變動的因素。

## 經常收支黑字的國家又如何？

貓貓經濟大師

接下來是匯兌基本問題第二彈。題目是經常收支與匯率。

假設我們看到日本的經常收支為黑字，而且對美貿易的黑字為史上最高的新聞。這時候日圓與美元之間的匯率會有什麼變化？請試著從下列的 A ～ C 的（　）之中選出正確的答案。

日本的經常收支為黑字代表日本透過貿易累積了不少美元（因為出口匯票比進口匯票更多，所以收到的美元比付出

的日圓更多）。此時累積的美元該如何處置？最終還是會換回日圓。這是因為拿著一堆美元也無法在日本國內使用，所以最後會在外國匯兌市場賣掉美元與買回日圓。

如果以經濟用語重新敘述一次，就是從美元的角度看市場的時候，美元被大量 A（需求、供給），而從日圓的角度看市場時，日圓的 B（需求、供給）大增。

如此一來，日圓與美元的匯率就會 C（上升、下滑）。

wako：「A 是供給、B 是需求、C 是上升。」

正確答案。

只要出現貿易黑字，該國的貨幣（比方說是日圓）理論上一定會升值，因為從對方賺了多少錢，就會累積多少對方的貨幣（比方說是美元），而這個貨幣（美元）總有一天要換成自己的貨幣（日圓）。所以一定會透過市場「賣掉美元，買回日圓」。被賣出的貨幣會貶值，被買回的貨幣會升值。在外國匯兌市場之中，這類貶值與升值都會同時發生，而這種情況就稱為「美元貶值、日圓升值」。

日本與美國的貿易總是出現黑字，所以日圓才會升值，真實的情況與理論完全一致。不過，也有真實的情況與理論悖離的時候。這就留給大家當作第三題回答吧。

180

## 金融收支紅字的國家會如何？

這次的題目是，日本透過貿易賺了很多錢，而且打算利用這些錢在國外投資。

貓貓經濟大師

這是第三題。如果是日本這種在外國投資的國家，貨幣（日圓）就會升值。○還是×？

提示：要購買外國（美國）的債券需要哪種貨幣呢？

fields

要投資就得購買該國的貨幣，所以要投資美國的公司，就得把手上的日圓賣掉與換成美元。只要有人大賣日圓，日圓就會貶值，所以答案是×。嗯，想要投資外國，日圓反而會貶值，還真是傷腦筋啊。

正確答案。雖然與投資有關的資金流動稱為「金融收支」，但是當金融收支為赤字，該國的貨幣就一定會貶值。仔細調查之後，日本的金融收支為赤字，不過，大家也不用看到赤字就急著問「該怎麼辦」。現在的狀況是，日本投資其他國家的資金比其他國家投資日本的資金還多，這也意味著日本沒有錢的話，就無法投資外國，換句話說，日本是有

錢人，才會出現金融收支為赤字的情況。

　　所有的經濟都像是硬幣的正反兩面，日圓貶值代表出口變得容易，而有些人特別喜歡這樣的情況，有些人則討厭這樣的情況。

　　之前我們透過題目了解貿易收支（經常收支）為黑字時，日圓就會升值對吧？而這次的答案則是金融收支為赤字時，日圓就會貶值。日本的情況是經常收支為黑字，金融收支為赤字，所以意思是日圓升值與日圓貶值會同時發生。換句話說，到底是經常收支的影響比較強，還是金融收支的影響比較強，以及日圓是走高還是走低，都會決定經濟的動向，所以不能只從其中一面判讀。尤其為了追求短期利益的熱錢已比長期投資的規模還大，而且也在全世界的金融市場流動，所以也必須判斷熱錢的去向。

## 可從漢堡了解匯率

貓貓經濟大師

　　接下來是第四題。大家聽好囉。

　　假設依照相同食譜製造的漢堡在日本賣 250 日圓，在美國賣 2.5 美元，而且這時候日圓與美元的匯率為 1 美元：120 日圓的話，日圓接下來會升值。是○還是 ✕ 呢？

原子小金剛 ·········································································

　答案是○。明明是同樣的漢堡，在日本只要 **250** 日圓，在美國卻要 **300** 日圓，所以美國人會想要日本價美物廉的漢堡，這麼一來，日本的漢堡就會不斷地出口到美國。輸出量增加後，就會出現貿易黑字，日圓也會跟著升值。

·····································································································

　正確答案。

　在日本賣 250 日圓，在美國賣 2.5 美元代表此時的兌換率為 1 美元：100 日圓，可是當市場行情為 1 美元：120 日圓，代表這個漢堡在美國的價錢是 300 日圓，若不考慮運送費用，美國從日本進口便宜的漢堡就可以獲利。當業績一飛沖天，日本就會不斷輸出漢，日圓也會不斷升值，原本 1 美元：120

日圓的日圓也應該會升值。不過，這個前提是漢堡的冷藏費用或是運輸費用的問題都已經解決了。

這次是只以漢堡比較，但其實比較國與國的物價比率，就能大致了解匯率。像這樣以物價或是能買多少東西的購買力（購買力就是物價的倒數）算出來的匯率稱為「購買力平價」。購買力平價就是將重點放在物價水準的匯率。

英國的《經濟學人》（*Economist*）雜誌每年都會計算漢堡的物價，而且最近也會比較咖啡的價格，藉此計算匯率。

## 所以結果是？

自從上次預測之後，已經過了一個月。月底的匯率來到 1 美元兌 115 日圓。

wako：「總算是過了月底了。看來匯率比想像中的更穩定。」

fields：「我原本預測日圓會貶值，沒想到日圓稍微升值了。為什麼會有人買日圓啊？日圓啊，妳為什麼會升值啊！」

ABARA：「我猜中了！應該是日本的經濟在景氣一片低迷以及原油不斷飆升的情況下，還是很努力的關係吧。」

在這個月之內，日圓的確是不斷升值。

不過這次的升值有可能不是因為日圓變得強勢，而是大家都在賣美元。由於賣掉美元就得購買其他的貨幣，所以若

從日圓與美元的關係來看，想賣掉美元的人越多，美元就會貶值，日圓相對就會升值。這與硬幣有正就有反的道理一樣。

所以這次日圓會升值必須同時分析讓日圓走強的因素，以及主要交換對象的美元是否為日圓升值的主要因素。

## 匯率行情會隨著各種因素浮動

到目前為止，我們學到了三個匯率行情浮動的因素：

① 經常收支（貿易收支）的動向

若是貿易收支為黑字的國家，該國的貨幣會升值。

② 金融收支的動向

若是金融收支為赤字的國家，該國的貨幣會貶值。

③ 物價的動向

若是物價較高的國家（有通膨傾向的國家），該國的貨幣會貶值。

光是這三個因素就已經很複雜，沒想到還有下列這些因素：

④ 利率的動向

若是利率比其他國家低的國家，該國的貨幣會貶值。

⑤ 經濟成長率的動向

若是經濟成長率較高的國家，該國的貨幣會升值。

⑥ 政治的動向

若是發生戰爭或內戰的國家，政治家發生醜聞的國家、政局不穩定的國家，貨幣大概會貶值。

這裡之所以只說成「大概」，是因為也有例外。只要其他的經濟條件不變，從長期來看，因素①～⑤有相當的機率會是上述的結果，唯獨因素⑥不是這樣。

雖然還有很多沒提到的因素，不過外匯市場的行情就是基於這些因素決定。

因此，要想成為外匯市場的當紅炸子雞，就得綜合判斷上述這些因素，從中找出影響最為深遠的因素，預判一個月、三個月之後的價格與擬定期貨合約（到時候再結算的約定）。就某種意義而言，這也算是一種賭博，純粹憑直覺買賣。

此外，也有透過理論揉和各種因素，再進行判斷的學者。金融工程就是其中一門學問，好像也有完全憑直覺縱橫市場的交易員。

就這點來看，市場是非常有趣的世界對吧。不管我們喜歡或是討厭，我們的生活的確被這類市場的動向所影響，而察覺這點也是非常重要的事情喲。

## 【這次學到的概念】

外國匯兌、外匯市場、匯率、固定匯率制、浮動匯率制、

國際收支、經常收支、金融收支、購買力平價。

## 【總結】

① 國與國的貨幣會透過外匯交換。這時候的交換比率就是匯率。

② 日本與其他多數國家的匯率，都是依照貨幣在外匯市場的需求與供給決定。

③ 國際收支的動向是影響匯率的因素之一，若是經常收支為黑字的國家，該國的匯率就會上升，若是金融收支為赤字的國家，該國的匯率就會下滑。

④ 匯率會被物價水準、利率、經濟成長率、政治動向影響。

## 【複習題】

① 請判斷下列的文章何者正確，何者錯誤。

（　　）如果以 1 美元：100 日圓為基準，當 1 美元 =80 日圓時，代表日圓貶值，美元升值。

（　　）如果將重點放在日本的貿易收支維持黑字這件事，有可能會預測匯率上升。

（　　）若是發現日圓有可能快速升值，擾亂經濟市場的穩定，負責發行貨幣的機構有可能會以大賣日圓的方式介入市場。

（　　）假設日本調高官方貼現率，日圓就有可能升值。

② 請思考下列的問題。

1. 試著從企業的角度思考固定匯率制與浮動匯率制孰優孰劣。

2. 日圓升值對日本的經濟是好還是壞？請試著從不同的角度探討這個問題。

3. 請試著思考日本的企業或個人購買美國的債券或股票時，日圓會升值還是貶值。

4. 請試著預測發生戰爭或是天災的時候，日圓會如何浮動。

## 第十二章

# 經濟發展的條件
## 經濟成長

環顧世界會發現美國或日本這類經濟不斷發展的國家，也會發現非洲這類無法發展經濟的國家，其中也有像中國這種崛起的國家。為什麼會出現這類差距呢？想想還真是讓人覺得不可思議啊。這節要一邊列出國家發展的條件，一邊了解為什麼會出現這類差距。

## 經濟發展的條件是？

貓貓經濟大師

大家覺得一個國家的經濟要發展，需要具備哪些條件呢？請試著列出所有想得到的條件吧，之後再根據這些條件思考各個國家的經濟狀態以及發展現況。

第一步，讓我們先從列出各類條件開始。

沒多久，立刻有三個人投稿。

娜比

· 鄰近國家的狀況（內戰、紛爭、戰爭中之類的狀態）

· 自然環境（平原應該比較有利發展才對）

· 是否為民主主義（獨裁國家比較不容易發展）

· 內陸國通常比較貧窮（因為走陸路運送物資的成本比較高）

　　．熱帶的國家也比較貧窮（流行病較多？）

　　看了世界地圖之後，我大概只能想到這些。我覺得還滿難想的。

fields

　　讀了娜比的文章之後，我也想跟著思考看看。

　　不知道資源是不是有也關係。資源包含石油、鈾這類礦物，也包含人力。比方說，沙烏地阿拉伯的資源是石油，澳洲的是鈾，中國則是有很多人力，所以勞動資源不虞匱乏。

大家好，我是 momone。我也試著思考了一下。

我覺得出口較多的國家也會比較發達，因為會賺到比較多錢。

## 政治或是自然條件

這次收到了很多不同的條件。讓我們依序討論這些條件吧。

娜比列出了一些經濟發展的條件，也提出了戰爭、和平與經濟發展的關係。

最初提到的條件是國際關係。若是無法與鄰國好好相處，就沒辦法專心發展經濟，而且還得把好不容易賺來的錢用在軍事上。

日本的國家預算有 5% 是國防費用，算是軍事費用偏低的國家。如果是北韓，就官方資料來看，大概是超過15%左右（日本外務省官網的資料），但實際上應該更多才對。明明國民都吃不飽，卻還是把錢花在軍事上，所以經濟才發展不起來。

其次提到的條件是自然環境。這也是一大因素，對吧？平原比多山地形容易發展，而且離海越近，條件越有利。這是因為要進行貿易就會需要運送大宗物資，而船運是最適合

的運輸方式。雖然現在也會利用飛機載貨，但還是不適合運送太過沉重的東西，所以擁有離海較近的平原，非常適合發展經濟。不過，就算是內陸國家，只要能像歐洲那樣擁有健全的內陸水運，一樣有利經濟發展。

此外，也提到了民主主義與經濟發展的關係。當獨裁者限制了國民的自由，一開始或許能維持秩序，讓混亂的局面得以穩定下來，但之後卻會問題叢生，比方說，國民將會失去自主性。在受到監視的情況下，是無法自由活動的對吧。所以民主主義是經濟發展的基礎之外，經濟一旦發達，政治制度就會轉換成民主主義，兩者是一體兩面的關係。

第五個條件，也就是氣候與經濟發展有關。大家覺得有關係嗎？

許多人覺得氣候炎熱的地區不利經濟發展，但其實馬來西亞、印尼這類天氣炎熱的地區生產了許多音響周邊設備與資訊裝置，經濟也愈來愈發達。大家覺得這是為什麼？提示：是因為有了某項東西（答案當然是冷氣）。

所以有些自然條件是能夠克服的。

## 人力資源也很重要

fields 列出了一些有利經濟發展的資源。自然資源豐沛的國家固然很有機會發展，但是光有自然資源還不夠，還需要

人類，以經濟用語形容，就是「人力資源」，但可不是越多
人就越有利嚕。

　為什麼人力資源有利經濟發展呢？在 e-教室擔任理科老
師的 wako 提出了下列的意見。

wako ᵒᵉᵒᵉᵒᵉᵒᵉᵒᵉᵒᵉᵒᵉᵒᵉᵒᵉᵒᵉᵒᵉᵒᵉᵒᵉᵒᵉᵒᵉᵒᵉᵒᵉᵒᵉᵒᵉᵒᵉᵒᵉᵒᵉᵒᵉ

　**需要的是程度高的人，此時需要的是教育。我認識的中**
**國留學生都很用功，而且日語也都說得很流暢，每次拿他們**
**跟那些學了好幾年英語，卻半句英語都說不好的日本學生比**
**較，都讓我覺得很汗顏。**

ᵒᵉᵒᵉᵒᵉᵒᵉᵒᵉᵒᵉᵒᵉᵒᵉᵒᵉᵒᵉᵒᵉᵒᵉᵒᵉᵒᵉᵒᵉᵒᵉᵒᵉᵒᵉᵒᵉᵒᵉᵒᵉᵒᵉᵒᵉ

　的確，要想發展經濟，就需要接受過適當教育的人力。
雖然現在的日本有學力低落的教育問題，但是若將時間倒轉
至江戶時代，就會發現當時有許多平民識字，教育程度都不
錯，經濟也才得以發展。此外，在進入明治時代之後，學校
制度開始普及，二次世界大戰之後也實施了九年義務教育，
所以才出現了許多對經濟發展做出貢獻的人材。可見教育與
經濟發展息息相關。

## 貿易與發展

　momone 提到的「出口較多的國家」的這個條件也是基

於同樣的理由；momone 的觀察力真是敏銳。

　　剛剛我們說明了教育這個條件對吧？若是依樣畫葫蘆，再次回顧日本的歷史，就會發現在近代貿易成形之前，江戶時代末期的日本人口約有 3800 萬人，等到幕府末期開始發展貿易，經濟也開始發達之後，人口就不斷地增加，最後才會增加到現在的 1 億 2000 萬人。貿易固然是經濟發展的因素之一，但是要發展貿易，就需要培養需要的人材。

　　讓我再舉另一個例子。大家可轉頭看看鄰近的南韓與北韓。南韓的出口總額已超過 5000 億美元，北韓卻大概只有 10 億美元左右。雙方的國民所得也有相當的落差，即使南韓的人口約為北韓的兩倍，這個差距還是很可觀。這意味著開放國門，活用自己的優勢與迎接各種變化，以及持續與外國進行貿易，經濟就很有機會發展。

## 該如何與大家合作？

wako

　　我覺得經濟與工作方式也有關係。高度分工的社會代表具有一定的經濟能力，組織也有可能茁壯，分工也通常比較有效率，而高效率這點可促進經濟發展。

　　wako 老師又點出了一針見血的評論。

　　要達成大量生產（這是發展經濟所需的條件，也是經濟發展的結果）這個目標就必須「分工」，因為生產力才能大幅提升。早在十八世紀，英國經濟學家亞當‧斯密就曾提出這項事實。他在其著作《國富論》（1776 年發行。全名為《國民財富的性質和原因的研究》）之中以迴紋針的生產為例，說明了分工的道理。分工能否成功，關鍵在於該如何一環扣一環地工作，也就是得重視「分工合作」這點。

　　不同的國家有不同的分工方式，有些國家會把整個工作流程寫成手冊，宛如機械般工作，有些國家的分工方式則比較不那麼精準，會有一些灰色地帶，從中都可以看出該國的文化以及人與人之間的相處模式。

　　此外，讓大量生產進一步發展的是流水線系統。由於這是美國福特汽車採用的系統，所以又稱為福特系統。默劇演員查理桌別林主演的《摩登時代》批評了福特汽車。應該有不少人看到電影裡的卓別林在站在流水線前面拚死工作的模樣吧。

　　這一套系統的升級版就是日本豐田汽車（TOYOTA）的看板管理（Kanban Management），也就是及時生產（Just In Time, JIT）。這是在流水線組裝各式汽車的生產方式，組裝時，會利用稱為「招牌」的作業規格圖說明汽車的規格，所以才稱為「招牌式」。這種及時制生產方式是能讓零件在指

定時間入庫的系統，所以能極端減緩庫存的壓力。

　　能出現設計這種系統的人材以及能操作這類系統的人材，正是經濟得以發展的條件。

## 慾望也是發展的原動力

ABARA

　　想開比別人更好的車，想生產比競爭對手更好的產品，想吃更美味的食物，想要生活變得更便利、更豐富，人類的這些慾望與上進心是促進經濟發展的原動力。

　　這也是非常重要的意見。

　　慾望是經濟發展的原動力，而經濟學也是以利用有限資源滿足慾望為起點，所以如何看待慾望可說是一大問題。不過，若一味聽從心裡的慾望，隨意生產與消費產品，資源很快就會枯竭。一邊重視慾望，一邊為了未來忍耐，保有稀少的資源，也是促進經濟發展的重要條件。

　　德國社會學家馬克斯・韋伯（Max Weber, 1864-1920）曾在《新教倫理與資本主義精神》（*The Protestant Ethics and the Spirit of Capitalism*）一書闡述宗教與資本主義的關係，也從中點出上述的慾望以及其他屬於文化方面的條件，是促進經濟發展的重要條件。

韋伯在這本著作之中提到，在那些以禁慾為戒律的清教徒以及其他新教徒之中，出現了催生資本主義的人，也進一步分析這個現象有多麼矛盾，但不管結論為何，能否正面看待慾望，的確會對經濟的發展造成莫大的影響。

## 資訊也算是促進經濟發展的條件嗎？

Dr.TelMeA

雖然大家正在討論促進經濟發展的條件，但是資訊或是管理資訊這件事，難道不是該國社會或組織進一步發展的條件嗎？我覺得資訊與經濟的發展很有關係。

如果要再列出一個例子的話，那就是對金融市場有影響力的國家，似乎都是經濟富裕的國家。

美國是這樣，英國也是這樣，這些利用資訊影響金融市場的國家都是非常富足的國家，而就這層意義來看，將資訊形容成經濟發展關鍵也不為過。此外，維持這一切的社會基礎建設也非常重要。

資訊與金融都與經濟發展息息相關。早一步知道哪裡資金不足或是資金過剩，抑或早一步知道發生某個事件之後，後續會發生哪些結果，絕對是獲利的關鍵，而獲利就是經濟發展的基礎。

　　比方說，在金融業界非常有名的羅斯柴爾德家族透過飛鴿傳書的方式，早一步知道拿破崙在滑鐵盧戰敗的消息之後，先是一臉若無其事地大賣英國的英鎊，等到金鎊的價格大跌後，又出手買回金鎊，因此而大賺一筆。這個能一窺資訊與經濟的相關性的故事可說是無人不知。在當時是以飛鴿傳書取得資訊，而現代的世界則是由網際網路和各種資訊網串連。

　　不過，能充份應用這些資訊的國家通常是經濟發達的國家，準備發展的國家很難擁有如此進化的資訊系統與金融影響力，所以與那些經濟發達的國家之間的差距也會越拉越開。

## 【這次學到的概念】

　　經濟成長、生產元素、土地、資本、勞動力、分工與合作、人力資源

## 【總結】

① 經濟得以發展的條件包含土地、勞動力、資本這些生產因素的形態。

② 就算自然條件不好，只要能活用己身優勢，就能奠定經濟發展的基礎。

③ 想要過得更好、更富足的慾望或資訊，都是促進經濟發展的條件。

④ 政局是否穩定，社會基礎設備是否完善，也是促進經濟發展的條件。

## 【複習題】

① 請判斷下列的文章何者正確，何者錯誤。

（　　）如果土地太小、太貧瘠，難以發展經濟。

（　　）經濟發展的關鍵條件在於勞動力的品質。

（　　）不管是哪個國家或地區，只要有擅長的部分，就有機會發展。

② 請思考下列的問題。

1. 請列出自然條件不佳，經濟卻得以發展的國家或地區。請試著分析這些國家或地區得以發展的原因。

2. 請以日本為例，思考經濟發展與教育普及之間的相關性。

3. 請試著舉出一些宗教與經濟發展程度有關的例子。

4. 請試著思考早一步取得資訊，為什麼是經濟發展的關鍵。

## 第十三章

# 該如何消除差距
# 南北問題與援助

前一章與大家一起思考經濟發展需要哪些條件。經濟一旦發展，各方面的差距就會出現。

以經濟發達的日本為例，人均 GDP（國內生產毛額）超過了 4 萬美元，平均壽命的話，女性是 87 歲、男性是 81 歲，反觀非洲的坦尚尼亞，人均 GDP 連 1000 美元都不到，平均壽命也只稍微高於 60 歲。

## 什麼是南北問題？

**貓貓經濟大師**

接下來要問大家一個問題。

①大家知道造成南北差距的原因是什麼嗎？

②該怎麼做，才能弭平這個差距呢？

③我們又能在這時候做些什麼呢？

在回答之前，有人先提問了。

**wako**

南北問題的「北」是指東亞（韓國、日本）、美洲（加拿大、美國）、歐洲（EU）這些國家或地區嗎？我雖然聽過由已開發國家組成的 OECD，但到底是由哪些國家組成的啊？仔細想想還真是不知道耶。澳洲也算是北方的國家嗎？

北方國家可以這樣分類。

第二次世界大戰之後，許多歐洲國家都接受了以歐洲復興為主旨的馬歇爾計畫，也組成了 OEEC（歐洲經濟合作組織），這個組織後來轉型為 OECD（經濟合作暨發展組織）。目前的成員國共有 38 個國家，剛剛 wako 提到的國家都是成員之一，澳洲、紐西蘭也都是成員國，這個組織也被戲稱為「富國俱樂部」。亞洲目前只有日本與韓國是成員國。

假設已開發國家的標準是人均 GDP 高於一萬美元，那麼除了澳洲與紐西蘭之外，其他的已開發國家都位於北半球，所以才會形成北方多是已開發國家，南方多是開發中國家這種南北對立的構造。

南北問題是英國銀行家奧利佛法蘭克在距今六十年前提出的，當時的他認為，比起東西問題（美俄對立），南北的經濟差距更值得關切。這還真是具有前瞻性的發言啊。

wako：「我原本也不知道在東西冷戰的時候，有人先一步提出南北問題。才以為冷戰結束，結果美國又忙著展開波灣戰爭與進攻伊拉克。難道南北問題不重要嗎？」

貓貓經濟大師：「也不是不重要。這是因為美國自己也有南北問題，也就是經濟差距的問題。歐洲當然也有類似的問題。對於英國或法國來說，來自舊殖民地的移民也是一大

隱患。南北問題其實也是近在眼前的問題喲」

## 如何弭平南北差距

可樂

首先針對①的部分回答。

雖然我不知道為什麼會造成如此差距，但我知道真正重要的是弭平這個差距，所以美國或日本這類國家應該透過一些政策為那些處於劣勢的國家著想。我覺得我們國家太浪費資源了，應該多為其他國家使用這些資源才對。

的確是這樣。與其在被疾病折磨的病人面前討論病情，還不如幫助他們鎮熱止痛。不過，造成南北差距的原因之一就是第二章提到的單一耕作的經濟構造，這也是從殖民地時代遺留的禍根，大家可以翻回第二章複習喲。

聯合國有一個 UNCTAD（聯合國貿易和發展會議）的常設組織。這個會議會邀請位於南方的發展中國家，讓這些國家有機會對美國這類已開發國家提出貿易或其他方面的協助，以便將生活品質提升至已開發國家的水準。已開發國家雖然表現出願意協助 UNCTAD 的態度，卻不會回應所有的要求。

這是因為 UNCTAD 提出的要求之中，包含要已開發國家以高價收購農產品，或是讓開發中國家的產品在更有利的條

件之下進行貿易，而且還包含農產品的價格低於全世界平均時，開發中國家能得到補償。如果真的全部答應的話，美國或日本的農民以及中小企業的人肯定會遇到麻煩。

由此可知，就算只答應其中一個要求，也會牽扯到許多利害關係人，所以很難答應這些要求。

可樂 ᵒᵒᵒᵒᵒᵒᵒᵒᵒᵒᵒᵒᵒᵒᵒᵒᵒᵒᵒᵒᵒᵒᵒᵒᵒᵒᵒᵒᵒᵒᵒᵒᵒᵒᵒᵒᵒᵒᵒᵒᵒᵒᵒ

接著是②的部分。

聽說日本進口了很多食物，但很多進口食物最後都是丟掉。我原本以為把這些食物捐出去就好，但仔細一想，光是這樣還是不夠，無法從根本解決問題對吧。難道沒辦法在吃的部分自給自足嗎？

ᵒᵒᵒᵒᵒᵒᵒᵒᵒᵒᵒᵒᵒᵒᵒᵒᵒᵒᵒᵒᵒᵒᵒᵒᵒᵒᵒᵒᵒᵒᵒᵒᵒᵒᵒᵒᵒᵒᵒᵒᵒᵒ

的確，日本是全世界第一的糧食進口國，這些進口的糧食有一大部分都是當成飼料，所以明明食用穀物的自給率有60％左右，但如果連同飼料也一併計算，自給率就不到40％。

廚餘回收量也有相關的資料。多數家庭的廚餘大概為8％，外食產業為5％。家庭的廚餘比較多這點，讓人有點意外對吧。畢竟外食產業是在做生意，所以會盡量減少浪費。此外，若是進一步細分外食產業，會發現小吃店或是餐

廳的廚餘只有 3％左右，但是婚禮的廚餘卻高達 23.9％，宴
會的廚餘也高達 15.7％，這些數字都可在日本農林水產省的
「食物浪費統計」報告找到。

另一個問題是「難道沒辦法自給自足嗎？」如果能夠在
糧食方面自給自足，的確是不會發生吃不飽的問題，但如果
沒有其他的生活必需品，會有什麼結果？反之，像日本這種
糧食不足，但大量生產工業產品的國家又該怎麼辦？這部分
我們會在第九章說明，這與國際分工的問題也有關係。

## 援助與南北問題

史耐克

　　在這些討論之中，我最在意的是日本對於「南方」的國
家做了哪些事情。日本政府常以政府開發協助計畫（ODA）
的方式，利用稅金幫助發展中國家。這個行為固然是好事，
但我覺得這種做法也有問題。不要蓋那些水壩或是討在地居
民歡心的東西。明明全世界有幾萬人餓肚子，我們應該多幫
助那些人才對。

一如史耐克所述，日本的 ODA 在全世界的排名為四、五
名，而且就金額來說，也一直是全世界第一的排名。不過，
一直都有人懷疑這些援助真的有用嗎？

　　印尼首都雅加達有利用日本 ODA 資金建造的淨水場。這就是當地居民想要的設施對吧。

　　反觀出錢幫忙建造印度的納魯瑪達水壩卻飽受批評，因為這座水壩在建造之際，趕走了當地的居民，讓人不知道這座水壩到底有沒有存在的必要。

　　ODA 這種與金錢有關的事業一定會與當地士紳溝通。綜合所有人的意見再進行援助，以及除了日本之外，其他已開發過家又該採取哪些行動，我們又該如何參與，都是可以思考的問題。

## 如何停止惡性循環

FIFA

① 因為貧窮而營養失衡的孩子容易生病→勞動力減少→變得更貧窮→所以不得不工作→沒辦法上學，無法發展技術→生產力低落→回到開頭，重新循環一次→我覺得是這種無限的惡性循環。

② 我覺得 NGO 採取行動很重要。

③ 若問有哪些事情是可以立刻去做的，就是像現在這樣思考。全世界一起思考該怎麼做，才能改變現況。

　　FIFA 的意見也很一針見血。那麼：

①該從這個惡性循環的哪個部分介入呢？

②該怎麼做，才能改善那個部分呢？

③戰前的日本也曾經陷入①的狀況。比方說，以東北地區為舞台的電視連續劇《阿信》就是其中一例，但日本到底做了什麼，才脫離了上述的惡性循環，成為「富庶」的國家呢？請大家一起思考看看。

## 幫忙自立呢？

fields ⁀⌣⁀⌣⁀⌣⁀⌣⁀⌣⁀⌣⁀⌣⁀⌣⁀⌣⁀⌣⁀⌣⁀⌣⁀⌣⁀⌣⁀⌣⁀⌣⁀⌣⁀⌣⁀⌣⁀⌣

沒辦法像是分配稅金般，調整一下南北資源分配的規則嗎？就算沒辦法解決問題，至少可以改善問題吧？

比方說，有些人會在很短的時間之內反覆買賣股票或是外幣，藉此大賺一筆，如果對這些買賣課以跨國的稅金，不知道能不能解決問題。

⁀⌣⁀⌣⁀⌣⁀⌣⁀⌣⁀⌣⁀⌣⁀⌣⁀⌣⁀⌣⁀⌣⁀⌣⁀⌣⁀⌣⁀⌣⁀⌣⁀⌣⁀⌣⁀⌣⁀⌣⁀⌣⁀⌣

fields 的提案非常棒。話說回來，現在已經有主張這點的NGO（非政府組織＝民營組織）。一直以來，他們都主張將國際金融交易的 5% 當成稅金，作為解決南北經濟差距的資金。由於這個國際金融交易稅是由美國經濟學者杜賓提出，所以又被稱為「杜賓稅」。

不過這種稅還有許多有待解決的問題，比方說，該向誰

課稅，又該如何課稅，課徵到的稅金該如何保管與使用，但這的確是很有趣的嘗試，也是很值得討論的議題。

## 我們現在能做的事情

最後讓我們一起思考關於消除南北差距這件事，「我們能夠做的事情有哪些」吧。

重點在於「自己能夠做的事情」。不是政府，也不是NGO，而是自己能夠做的事情。不管是國中生還是高中生，其實應該都能貢獻一己之力。請試著尋找自己能貢獻什麼，之後再予以實踐就好。

**可樂**

我有想了一些自己能做什麼，但只想到捐款這件事而已。老實說，我一直在做的也只有這點事情而已，但我覺得總比什麼都不做來得好，所以只要看到超商或是學校有捐款箱，我就會捐點錢。

貓貓經濟大師：「捐款的時候，請看清楚是哪些團體在募捐，這些善款是否會真的送到需要的人手中。可樂捐過哪些團體呢？」

可樂：「我主要捐的都是 UNICEF 或是紅色羽毛募款，

不然就是放在超商櫃台旁邊的募款箱。」

fields ᵔᵔᵔᵔᵔᵔᵔᵔᵔᵔᵔᵔᵔᵔᵔᵔᵔᵔᵔᵔᵔᵔᵔᵔᵔᵔᵔᵔᵔᵔᵔᵔᵔᵔᵔ

　　不管是國中生、高中生還是小學生，都是「消費者」對吧。雖然還沒有選舉權，也還不能工作，卻能夠消費。所以也可以透過消費對市場發表意見對吧？消費者若能以「想要幫助別人的心情」消費，而不是「隨便」亂買東西，肯定能造成相當的影響。

ᵔᵔᵔᵔᵔᵔᵔᵔᵔᵔᵔᵔᵔᵔᵔᵔᵔᵔᵔᵔᵔᵔᵔᵔᵔᵔᵔᵔᵔᵔᵔᵔᵔᵔᵔᵔᵔ

　　fields 的意見依舊相當犀利啊。

　　這在經濟學之中，屬於消費者主權的概念，這等於是將政治學所說的主權，也就是決定國家政治型態的主權，套用在經濟的意思。

　　如果消費者都不消費，東西就賣不出去，所以換句話說，最終能決定經濟該如何發展的是我們消費者。就現實來看，生產者擁有比消費者更多的資訊，也能透過廣告或宣傳的手法促進消費，更糟的是，我們消費者總是想要「更便宜」「更方便」的產品，所以常常「隨便」消費，也就很難實踐上述的理念。

　　不過仔細想想就會發現，握有主權的是我們消費者。就算不勉強自己買開有中國家的產品，偶爾想想怎麼會有東西

這麼便宜，或是這些產品會不會汙染環境，然後採取對應的
行動，應該就能帶來造成明顯的影響。這也是利用市場原理
展開的活動之一。

## 公平交易

ABARA ෴෴෴෴෴෴෴෴෴෴෴෴෴෴෴෴෴෴

　　我都是跟生活協同工會訂香蕉。不管是哥倫比亞產、菲
律賓產還是厄瓜多產的香蕉，都標明在種植的時候，盡力減
少農藥，也保證在出口的時候不會殘留農藥。雖然價錢比超
市賣的香蕉貴一點，但比起危害那些整天接觸農藥的人，以
及吃到農藥的人，我寧可選擇稍微貴一點的香蕉，讓大家都

能得到幸福。傳單上面寫著「與產地契作以及進口」的文案。由於農產品是看天吃飯的產品，所以我覺得「與產地契作以及進口」是保護生產者的好方法。下次來買哥倫比亞產的香蕉好了

---

　　產地直送或是「公平交易」都是不錯的方法。生活協同工會在產地直送這塊也花了不少心力去做。

　　一如「公平」代表的意思，公平交易是以公正合理的價格向生產者購買香蕉或咖啡這類一級產品，讓這些生產者得以自立的運動。香蕉或咖啡這類產品早期都是在殖民地以大型種植的方式種植，而且就算殖民地脫離統治，這種農作物也往往是在大企業的主導之下種植，而且負責種植的勞工往往只能拿到一點點報酬。公平交易可說是對這種拉開南北差距的商品或交易提出異議的消費者運動。現在日本各地出現了許多提供公平交易產品的店家。

　　要親身感受南北差距的話，只需要去當地走一趟。我認真覺得要想消除南北差距，就該從這件事開始。這就是「百聞不如一見」的意思。不過，這也不是每個人都做得到的事情。教育與資訊也在這個部分扮演了一定的角色。

　　一步一腳印地慢慢接觸也非常重要，比起援助，我們可以從貿易，也就是消費做起。這種基於認同的自發性交易沒

有半點強制的色彩，也能讓雙方都變得富足。就這點而言，貿易與消費都是一樣的。所以長此以往，公平交易也能愈來愈興上才對。這或許是改造現代經濟構造的祕密入口。

## 【這次學到的概念】

南北問題、政府開發協助、非政府組織、UNCTAD、杜賓稅、公平交易

## 【總結】

① 已開發國家與開發中國家的經濟差距稱為南北問題。

② 造成南北問題的原因之一就是單一耕作這種經濟構造，也是殖民地時代的遺毒。

③ 為了弭平這種差距，政府開發協助與非政府組織常對草根階層進行協助。

④ 我們能做的事情包含捐款，或是以合理公平的價格購買開發中國家的產品，聲援這類公平交易的運動。

## 【複習題】

① 請判斷下列的文章何者正確，何者錯誤。

（　　　）南北問題是南北環境差距的問題。

（　　　）單一耕作經濟是指只生產特定產物的經濟構造。

（　　）在聯合國積極解決南北問題的努力之下，這個問題也慢慢得而解決。

（　　）為了弭平這種經濟差距，我們能做的事情只有捐款。

② 請思考下列的問題。

1. 請列出位在南半球，經濟卻很發達的國家，同時試著思考為什麼會出現這樣的差距。

2. 請試著調查香蕉、咖啡或成衣的產地，報告這些國家的經濟發展現況。

3. 課徵杜賓稅會發生什麼事？請試著以需求曲線以及供給曲線說明。此外，請思考由誰管理杜賓稅比較好。

4. 請試著從國家與個人的角度分類縮小經濟差距的行為。

## 第十四章

# 研究經濟學就能掌握幸福？

在教室的討論似乎也到了最後總結的階段。貓貓老師出了下面這個大問題作為總結。狗狗老師加入討論之後，讓這場討論變得更具意義。一開始讓我們先看看貓貓老師出了什麼問題吧。

## 經濟的大問題

### 貓貓經濟大師

我想請大家思考一下最後的問題，回顧一下之前學過的內容。與其說是請大家回答這個問題，倒不如說是希望大家各抒己見。

- ·學經濟學有何用處？
- ·學經濟學有何好處？能得到什麼？
- ·經濟學有助於解決各種社會問題嗎？
- ·學了經濟學能得到幸福嗎？

## 地震與經濟

在 e-教室「經濟與我」擔任理科老師的 wako 老師率先回覆了。

wako

　　我參加了這個課程之後，對社會的看法改變了不少。比方說，比較能冷靜地看待財政赤字，不會因此太過慌張。

　　這次學到的經濟學與學生時代學到的經濟學不一樣，對我來說，長大之後再學一次的意義完全不同。我也深刻體會到，每個人都因為各種因素而與經濟有關。

　　話說回來，就算是科學領域，地震學也很像是經濟學。事件發生之後，要指出原因為何很簡單，但預測事件卻很困難。如果能夠預測未來的話，就不會出現什麼泡沫經濟了。我覺得經濟就是因為不懂才有趣，也很有學習的價值。

　　地震與經濟的確都是想要精準預判的學問，卻又是很難預判的領域。如果能夠預測經濟的趨勢，就不會出現泡沫經濟，而且也有可能成為億富翁，但事情沒有那麼簡單。為什麼呢？因為不管是地震還是經濟，都有如同千絲萬縷般的因素干擾。

　　目前雖然有些數學領域的學者在研究如此龐大而複雜的系統該如何分析，但還沒找而確實的分析手法。能以現行的經濟學分析的是從某個側面切入，較為單純的社會模型，而不是社會的真實全貌，所以才會難以精準地預測。不過，我們還是可以提出在「某個條件」之下實施某項政策之後，應

該會得到這類結果的看法，而這種看法正是所謂的經濟學囉。

## 如何讓大家都獲利

momone 這位最年輕的學員又有什麼感想呢？

**momone**

我是 momone。我讀了檸檬那本書之後，覺得自己稍微了解電視節目討論的經濟是什麼了。

之前看過某位經濟學者在電視討論「財富分配」這項主題，如果財富真的能分得大家都獲利就好了。

檸檬那本書的確是了解經濟基礎知識的好書。我覺得第一本書可以是了解企業經濟方式的好書。

雖然現在的日本經濟不是太好，常有裁員的新聞傳出，但其實一切不過只是在那本書裡面的女孩子與喬尼之間的關係變得有些複雜而已。就連打價格戰也是一樣，只要稍微抬起頭，觀察一下周邊環境，就會發現價格戰是件很稀鬆平常的事。開發便宜的中國產品進入市場之所以會很糟糕，也是因為這是一種價格戰。早一步了解這類經濟的基本知識是件非常棒的事。就算沒辦法通盤了解，也請大家對經濟學抱著興趣。

　　前面我們也利用蛋糕討論了財富分配的話題。如果真能做到平均分配這點，那當然是再理想不過，而且每個人都能得到幸福。不過，當彼此的利益產生衝突，大部分的人都會認為自己才是對的，是站在道理的一方。其實不只是大部分的人會這樣，所有的人都會這樣才對。這時候到底該如何「分配財富」才對呢？我們人類還沒找到這個問題的答案。momone 與其他網友總有一天會長大，到時候若能試著挑戰這個問題，我應該會覺得很開心。

## 信用與經濟

　　擔任數學老師的 fields 在學了經濟學之後，又有什麼感想呢？

fields ⟡⟡⟡⟡⟡⟡⟡⟡⟡⟡⟡⟡⟡⟡⟡⟡⟡⟡⟡⟡⟡⟡⟡⟡⟡⟡⟡⟡⟡⟡⟡⟡⟡⟡⟡

　　數學有所謂的「公理」或「定義」，而這些是一切的開端。

　　所以若是遇到不懂的內容，只需要回頭看看這些公理或定義即可，而且以數學處理的問題都具有普遍性與一致性，所以只需要慢慢地思考即可。

　　不過經濟可就不是這麼一回事。比方說，當我們遇到「造成這個現象的原因到底是什麼呢？」這個問題，然後試著找出原因時，往往會發現造成這個現象的原因多得數不清，而

且每個原因都一直在變化，每個原因就像是捉不住的鰻魚。

　　錢的部分也是一樣。我們平常不太會思考「金錢得以流通的基礎是什麼呢？」但是當我們開始思考這個問題，就會發現自己找不到這個基礎，也會變得很不安。

　　最可怕的是，當人們不再相信貨幣或是股票的時候。由於經濟是不受國境限制的，所以當貨幣或是股票不再被人們信任的信心危機波及整個世界時，那真的是讓人很害怕的事情。

---

　　多拉：「我也有種『沒想到經濟比想像的複雜』的感覺。」

　　miobear：「雖然我也不太懂經濟，不過在這裡參與討論之後，我變得很了解比較成本理論了！」

　　K：「與不同的人討論讓我的視野變得更大。雖然我還是很堅持自己的意見。」

　　miobear：「我也是這樣。與其說我的意見改變了，不如說我更能以不同的角度看待各種意見了。」

　　貓貓經濟大師：「能夠透過文章了解每個人的意見，的確是在 e-教室學習的優點，如果真能因此擁有更寬闊的視野，以不同的角度認識各種事物，那當然是再理想不過的事了，因為對於教經濟學的我來說，要如同昆蟲的複眼般，以不同的角度觀察經濟可是件很棘手的工作啊。」

ABARA：「當我一直思考經濟的問題時，我的頭都會昏昏的，因為在以宏觀的角度觀察事件之後，又立刻要聚焦在我們生活周遭的『經濟』，這感覺就像是一會兒望向遠方的景色，一會兒又立刻看著自己的腳邊一樣。」

貓貓經濟大師：「這就是宏觀經濟與微觀經濟的關係喲。我們沒辦法同時看到這兩種經濟，所以本書一開始先帶著大家學習微觀的經濟，之後再將注意力放在宏觀經濟或是國際經濟，按部就班地學習經濟學。」

與經濟牽扯的因素實在多不勝數，而且每個因素之間還互相糾結，所以就人類目前的智慧而言，還沒辦法以邏輯說明這一切。一旦想要「釐清每個因素」，恐怕不回到自給自足的生活就無法安心。此時該做的不是透過公理或邏輯這類演繹法的方式讓一切塵埃落定切，而是要使用歸納法靈活地解釋眼前的現象。

一旦國家失去信用，就不會再有人使用該國的貨幣，股票也將變成壁紙，不過，人類會咬著牙撐過去，迎接二十一世紀的到來。

第一次世界大戰之後的德國或是舊蘇聯瓦解之後的俄羅斯，其實都曾經陷入瀕臨瓦解的困境，許多人都覺得再這樣下去，一切都完了，但最終每個人還是活下來了，但我也不

會因此說什麼「沒問題」，因為德國的超級通膨催生出納粹，導致幾百萬人（光猶太人就有 600 萬人）的犧牲者出現。我們當然很難樂觀地面對國家失去信用這件事以及後續衍生的結果，所以比起悲觀或是樂觀，我們更該做的事情是冷靜地觀察經濟。

在 e-教室學習經濟學的這段期間，日本的小泉內閣正推動結構性的改革，股價也不斷地下滑，失業者也持續增加。另一方面，企業併購的消息也成為熱門話題，也出現了不少透過投資賺大錢的人。就全世界來看，伊拉克戰爭才剛爆發，原油的價格也不斷地飆漲，許多相關的避險基金也被各種媒體報導。2008 年發生了雷曼兄弟金融危機，2012 年底，日本推行名為「安倍經濟學」的經濟政策。


wako：「就算是不景氣，避險基金好像還是可以透過不斷地放空賺錢。用這種方式賺錢沒問題嗎？這對認真開發產品的製造商來說真是情何以堪。」

原子小金剛「這感覺有點像是在欺負弱者耶。」

fields：「在戰爭的新聞報導結束之後，看到利用原油漲價牟利的企業的新聞，會有種這些人專門利用別人的不幸賺錢的感覺，學經濟學會讓人感到憂鬱。」

## 狗狗經濟大師

預測明亮的未來會讓人覺得開心，預測黑暗的未來會讓人覺得難過，但是為了仔細思考我們的未來，大家不覺得我們該正視現實的一切嗎？

## 貓貓經濟大師

長期觀察經濟之後，會發現現在有種能夠賺大錢的人才是贏家的風氣。可是當我們思考市場裡的各種人性，或是以長期的眼光觀察市場，就會發現不懂得量力而為的企業或是經濟體制總有一天會瓦解。將市場當成是各種想法交錯的場合看待，對於市場的看法或許就會改變。

市場會忠實地反映每個人的想法，也會反映實際發生了什麼事情。換句話說，只要觀察市場的動向，我們就能從中汲取各種資訊以及每個人的想法。

在原油價格或是藥品相關企業的股價隨著戰爭的進展而飆漲的情況下，市場會告訴我們這場戰爭的目的為何，又有哪些企業能透過這場戰爭獲利。這類從市場得到的資訊雖然有喜有悲，但我們都應該謹慎看待這些資訊。

話說回來，我們該做哪些判斷，又該採取哪些行動則又是另外的問題。比方說，就算你覺得某間企業的股價會上漲，

你還是可以因為反對該企業的行動而出售（或是不要買）該企業的股票。就某種意義而言，這也是我們所擁有的「投票權」之一。

重視得到的資訊，或是可預期的資訊，再根據自己的是非或價值觀進行判斷與採取行動，在上述的情況特別重要，所以我們必須徹底學習市場是如何形成的，也讓了解市場的動向，讓自己有朝一日能夠做出正確的判斷。

fields ᥬᥬᥬᥬᥬᥬᥬᥬᥬᥬᥬᥬᥬᥬᥬᥬᥬᥬᥬᥬᥬᥬᥬᥬᥬᥬᥬᥬᥬᥬᥬᥬᥬᥬᥬᥬᥬᥬᥬᥬᥬᥬ

貓貓老師寫了「Cool Head、Warm Heart」這句名言。頭腦要保持冷靜，心裡要存著愛。如果心中存著愛，卻被市場沖昏了頭，就找不到正確答案了。遇到痛苦的事情時，大部分的人都會想隨著情緒起伏，但這時候維持冷靜的判斷力是非常重要的一環，所以我們該做的不是從愛與冷靜之中「二選一」，而是要知道「如果無法兩者兼顧，就無法實現後續的正義喲」這點嗎？原來是這樣啊……嗯，我會努力的！

## 學習經濟學的真正意義

雖然每個人學習經濟學的動機都不同，但大致可以分成兩類，其中之一是想讓自己變得更富足，也就是想要了解這

世上的經濟現象，再從中獲利的這類動機。許多人很排斥談論賺錢或是獲利這些事，但是人類永遠無法擺脫「利己」這種心態，一旦否定這種心態，反而會變得很封閉，甚至會陷入困境。

另一種則是希望讓全世界變得更好，想要有所貢獻的動機。之前 fields 引用了馬歇爾的名言，而日本經濟學者河上肇也曾在日本大正時代寫了本《貧乏物語》，探討日本為什麼會陷入貧困，又該怎麼做，才能跳出這個貧困的漩渦。

可見這項動機一直都存在。就像醫生就要治好病人一樣，想透過經濟學解決現代社會問題的熱情也很重要。

若從這項動機來看，透過經濟學學到解決各種社會問題的方法與概念，在某種意義上也算是一種「收穫」對吧。

學了經濟學不代表就能得到瞬間讓全世界變得美好的魔杖，因為現實的社會與經濟極為複雜，無法輕易地預測動向。此外，大部分的政策都難以讓社會的每個人幸福，每個人的意見也總是難以一致。

即使是在現代，光是為了提振景氣這點就有人主張該透過政策造成通膨，有些人則覺得要造成通膨之前，必須要有配套措施，例如先進行結構性的改革，放寬相關規定與提高生產力，總之每個人都有不同的意見，而且最終是基於政治考量才通過政策的情況也不罕見。

即使如此，學習經濟學，或是討論適當的政策絕對不會徒勞無功。透過不斷地累積經驗與討論，了解「在這個前提這麼做，應該可以得到這樣的結果」，也是非常重要的一件事，因為在學習經濟學，正確地判讀經濟的動向之後，不斷地探討解決社會問題的方法，是讓未來變得更富庶的關鍵。

## 學了經濟學能得到幸福嗎？

最後的大哉問就是「學了經濟學能得到幸福嗎？」

雖然這個問題沒有清楚定義什麼是幸福，但是學了經濟學，變得稍微明白事理，以及能夠透過一些理論說明社會動態，或是能自行想出一些解決方案，應該就算是相當幸福的一件事吧。

不管時代如何更迭，經濟活動永遠存在。能讓我們在這些經濟活動之中和平共存以及生活富足的學問就是經濟學。之後要利用先前學過的概念與方法，自行剖析複雜的經濟，幸福應該就會來敲門。

最後，ABARA 提了非常適合作為總結的意見。

**ABARA**

學習經濟學是件很有趣的事。這個學習過程讓我徹底了解了稀少性與機會成本的概念，也讓我有所成長。

　　該如何運用手邊的金錢？明天放假的時候，又該如何安排假期？該重視環保，還是該重視便利性？我們的日常生活是由一連串的選擇所組成，所以想像做出這些「選擇」的理由與背景，就會發現微不足道的一舉一動，其實都與經濟環環相扣。

　　稅金與政治也是一樣。我覺得當我們開始思考該如何活用有限的稅金以及選票，以及這些稅金與選票都被如何運用之後，對報紙與電視新聞的看法就會跟著改變。

　　當每個人都開始重視「稀少性與機會成本」，每個人的消費行為就會改變，這些一點一滴的改變最終將匯流成一股改變世界的力量，所以我覺得學習經濟學是掌握幸福的第一步。

　　我覺得今後能認真思考所謂的「市場」是一件非常棒的事情。股市是充斥著各種想法的地方，是要賺錢呢？還是要支持這間公司呢？還是要搶走這間公司呢？每個人都有自己的想法。股票市場有可能是個沒有半點理想，只剩下慾望的漩渦不斷轉動的場所。

　　不過，這些「慾望」有可能讓股市成為以股價評估企業的機制，讓企業有機會募得資金，也有可能成為判讀景氣的氣壓計。這感覺就像是這些慾望得到「淨化」一樣，讓人覺得非常有趣。

我堅信，學習經濟學之後，能讓思考變得更多元，也能讓人過得更豐足（即使經濟沒有變得更富足！）

到目前為止，教室的各位學員真的用心討論了很多事情，雖然還有很多事情有待討論，但各位應該能利用學到的知識與身邊的人討論了。

話不多說，就讓我們出發吧！

# 複習題解答

## 第一章

① ×× ○○

② 1. 社會背景：進入經濟高度成長期之後，離鄉背井，前往都市的人愈來愈多。經濟背景：因為許多人會湧向有限的道路。對策予以省略。

2. 例如很難買到廣受歡迎的演唱會或運動比賽的門票。雖然能以先排隊先買或是抽籤的方式銷售，也可以依照經濟學的理論，調整門票的價格。

3. 提供尖峰時段的資訊，讓用路人自行判斷，如此一來，用路人就知道該何時上路，或是避開尖峰時段。

4. 邏輯上是正確的，而就隨著數位科技的發展，在技術上也已經可行，但學生專用月票是具有公共性質的教育補助，該如何徵收時段費也是個問題，要想實施這個方案，恐怕得先解決這些困難的問題。

### 第二章

① × ○○ ×

② 1. 就算是表面看似免費的午餐，但其實吃午餐的時間可以用來做別的事情，還是得付出時間成本。此外，「天下沒有白吃的午餐」這句話另外解釋成「免費的最貴」，因為之後有可能會被要求做其他的事情。

2. 例子的部分請自行思考。選擇的標準可透過效益或是機會成本的概念徹底比較。

3. 時間從容不迫的人。

4. 不要只想著以 ODA 建造的東西有什麼用處，還要思考這 100 億日圓若是用在其他地方，是否會更有用。

### 第三章

① × × ○ ×（因曲線位移而變化的價格因素的影響較大）

② 1. 省略（這時候的需求曲線不會是平滑的，而是階梯式的曲線）

2. 因為當需求不變，供給曲線就會往左側位移。

3. 省略（請試著重新瀏覽《經濟日報》這類報紙的商品欄位）。

4. 看到一半離席也可以。放棄買票的費用，思考剩下來的時間該怎麼運用才是最合理的行為。

## 第四章

① ○○○○

② 1. 帶小孩或是照顧老人家這類勞動。

2. 請大家各抒己見。

3. 推動垃圾付費制度。日本的地方政府正在推動這項制度，但之後有可能得解決非法傾倒垃圾的問題。

4. 請大家自行思考。

## 第五章

① × ○ × ○

② 1. 請各自調查。試著問問親戚、朋友、或是姐妹校，應該會得到不少資訊。

2. 如果維持現狀就有可能賺不了錢，所以要想辦法在品質或是產品的安全性贏過其他產地。

3. 外匯匯率就是其中一例。第十一章介紹的購買力平價也是套利的例子之一。

4. 當大家都知道獲利方式之後，就無法再透過相同的手法獲利，所以請回答「怎麼可能有這種事情」，不然就回答「這麼好賺的話，你自己賺就好」。

## 第六章

① × × （還有儲存的功能）○ ○

② 1. 石頭、貝殼、彈珠、家畜、小麥、米或是其他東西。信用卡這類電子貨幣也算是其中之一。

2. 第一次世界大戰之後，在德國發生的超級通膨。貨幣貨值下滑之後，大家就不想擁有貨幣，貨幣的流通速度就會變得很快，物價也會因此飆漲。

3. 在泡沫經濟時期，每個人都覺得土地一定賣得掉，所以土地總是以天價交易。同理可證，紙鈔也是因為大家認為是金錢，所以才能用於交易。

4. 一開始會在不知情的情況流通，但是當貨幣量超出社會的承載量，就會發生所謂的通膨，所以覺得手中的紙鈔有問題時，一定要檢查一下，不能任其恣意流通。

## 第七章

① ○ △ （視情況而定）× ○

② 1. 浪費當然不好，但也不能為了提振景氣而過於節約。這等於是間接認同「浪費比放著不用更好」這個說法。

2. 假設這項投資是第一項為 10 億日圓，公比為 0.9 （10+9+8.1+7.29+……）的數列，最終能創造 100 億日圓的效果。

3. 要讓景氣早日恢復，最好不要借更多錢。利用法律規定舉債上限無助於經濟。

4. 如果為了改革財政而增稅，就會陷入景氣變差，又得再次增稅的惡性循環，得到與當初的預測或期待完全相反的結果。

## 第八章

① × ○ ○ ×

② 1. 請試著各種挑戰。

2. 這題也請自行思考。

3. 最重要的是製造社會願意接受產品或服務，從中獲得利益，再讓股東能分到報酬，以及讓員工保有工作，可以的話，還能資助文學或藝術活動，取之社會，用之社會。

4. 請自行思考。

## 第九章

① ○ ○ × ×

② 1. 這是愛因斯坦與祕書的故事。即使打字比祕書擅長的愛因斯坦，也必須聘請祕書才能騰出時間研究。

2. 當葡萄酒與毛織品的交換比率大於等於 80 / 90，小於等於 120 / 100，雙方都能獲利。

3. 中日之間也有捍衛自家蔬菜的問題。要與價格具有優勢的中國蔬菜對抗，日本的蔬菜就必須提升品質，讓消費者願意以較貴的價格購買。

4. 理論上是專家互相合作的模式最好，但這算是人生問題，請各自思考屬於自己的答案。


## 第十章

① × ○ ○ ○

② 1. 假設這三人分別稱為 ABC，首先讓 A 切蛋糕，接著問 B，是否滿意 A 的切法，如果沒問題，就讓 C 先拿，接著讓 B 拿，最後再換 A 拿。假設 B 不滿意 A 的切法，可讓 B 選出覺得不滿意 A 切的兩塊蛋糕，然後讓 C 選擇想要的蛋糕。假設 C 選的不是 B 切的蛋糕，A 就從剩下的兩塊蛋糕選擇一塊，之後再讓 B 拿剩下的蛋糕。如果 C 選擇的是 B 切的蛋糕，B 就選擇自己切的另一塊蛋糕，最後再由 A 拿最後一塊蛋糕。

2. 無法透過指令建立複雜的分工合作系統，而且讓人民無法發揮自發性，人民對工作就會敷衍了事，也無法進步。

3. 即使以效率為優先，努力維持市場經濟，也得試著建立能夠公平分配所得的制度。

4. 請試著思考自己為弱勢族群的答案。

## 第十一章

① × ○○○

② 1. 若是站在製造商的立場，當然希望是固定匯率制，因為這樣比較容易擬定生產計畫，也不用考慮匯損的問題，但是金融與貿易的企業則比較希望是整動匯率制，因為這樣才能找到商機，所以大家的看法不會一致。

2. 立場不同，看法也不同，無法斷定是好是壞。

3. 若沒有其他需要考慮的條件，理論上是貶值才對。

4. 若沒有其他需要考慮的條件，理論上是貶值，但也有可能是升值，端看其他國家如何評估日本經濟的潛力。

## 第十二章

① × × ○○

② 1. 新加坡或是北歐各國都是其中之一。可從資本累積、培育人材或是宗教文化以及其他方面考慮原因。

2. 可從明治時期的義務教育普及、第二次世界大戰之後的義務教育延長政策、升學率提升以及其他經濟發展的相關政策思考。

3. 可試著從新教、天主教、伊斯蘭教、佛教以及其他宗教思考。

4. 資訊等於商機，早一步獲得資訊就有可能讓經濟發展。

此外，資訊流通所需的社會基礎建設是否完善，也會大幅左右經濟發展。

## 第十三章

① × ○ × ×

② 1. 澳洲、紐西蘭都是很發達的南半球國家。這些國家不是殖民地，政局也比較穩定，而且農業、畜牧業都是具有優勢的出口產業，這也是兩個國家經濟得以發展的原動力。

 2. 菲律賓是香蕉的產地之一，採用的是以大型農業資本的大型種植方式。咖啡的話，可以試著調查巴西當地的情況，特色一樣是大型種植的生產方式。在成衣方面，中國、孟加拉、印尼都是生產大國。之所以如此，是因為這些國家在人事費這個部分占有優勢。

 3. 對企業加稅，供給曲線就會往左位移，價格就會上漲，交易量就會減少，如此一來，熱錢的流動速度就會趨緩。杜賓稅應該由國際機構管理，但是該如何經營這個機構，又該如何分配得到的資金，絕對是一大難題。

 4. 以國家的立場而言，可透過 ODA 援助在經濟上較為弱勢的國家，也可以透過國際機構幫助這些國家發展經濟。個人的話，可以捐款，或是透過公平交易這類活動行使消費者主權，幫助這些較為弱勢的國家。

# 結語

　　還記得三年前的某個冬日，突然有通電話打來問「請問新井老師在嗎？我是新井」，自此，我便與 e-教室結下不解之緣。在此之前，我都是站在學生面前教書，但這次卻成為網路上的老師，面對的是一群看不到長相的學生，學生的貼文是我了解他們的唯一途徑，而本書就是由這些貼文以及學習經濟學的成果編撰而成。

　　我覺得本書有兩點獨特之處。

　　其中一點是這本書是最簡單易懂的經濟學入門書。在日本的大學學到的經濟學，與在高中學到的經濟學有相當大的落差，而本書的目的就是消除兩者之間的鴻溝，讓國高中生也能透過本書了解經濟學，而且對經濟有興趣的成人，正在學習經濟學的大學生若能閱讀本書，應該就更能了解經濟，不知道該如何講解經濟的社會科老師也有可能透過本書了解傳授經濟學的祕訣。

　第二點是這本書雖然簡單易懂，卻詳盡地介紹了經濟學的概念。要想了解瞬息萬變的經濟，先了解經濟學相關的概念才是不二法門，而不是了解一大堆事實，這也是本書的立場。如果能夠了解這些概念，大家就有機會成為最強的經濟小老師才對。

　本書能夠付梓，多虧東京大學的柳川範之教授、國立情報學研究所的新井紀子教授這兩位共同作者的協助，也感謝石山晴美與這間教室的每位員工，更感謝每位熱心參與課程的學員。希望大家都能以這本書為起點，試著改善日本與世界的經濟，以及度過美好的人生。

2005 年 5 月

## 新井明

國家圖書館出版品預行編目資料

經濟學教我的思考武器：關於幸福和金錢的思考 / 新井
明、柳川範之、新井紀子、e-教室合著；許郁文譯. -- 初
版. -- 臺北市：經濟新潮社出版：英屬蓋曼群島商家庭傳
媒股份有限公司城邦分公司發行, 2023.05
　　　　面；　　公分. --（經濟趨勢；73）

譯自：経済の考え方がわかる本

ISBN　978-626-7195-24-6（平裝）

1.CST: 經濟學

550　　　　　　　　　　　　　　　　112004096